La Compagnie togolaise des mines du Bénin (CTMB) et l'exploitation des phosphates du Togo (1954-1974)

Collection « Études africaines »
dirigée par Denis Pryen et son équipe

Forte de plus de mille titres publiés à ce jour, la collection « Études africaines » fait peau neuve. Elle présentera toujours les essais généraux qui ont fait son succès, mais se déclinera désormais également par séries thématiques : droit, économie, politique, sociologie, etc.

Dernières parutions

Pierre MOUKOKO MBONJO, *Le Ghana : La marche vers la démocratie*, 2019.
Pierre MOUKOKO MBONJO, *Armée, pouvoir et démocratie en Afrique : l'exemple du Nigéria*, 2019.
Odilon OBAMI, *Le contentieux électoral au Congo*, 2019.
Joseph KOKOLO ZASSI, *La démocratie en Afrique noire : les contours de son enracinement, Le cas du Congo-Brazzaville*, 2019.
Gampoko DUMA DI BULA, *Dictionnaire étymologique lingala – français, français – lingala, Yikaloba*, 2019.
Méké MÉÏTÉ (dir.), *Le peuple mandéka et la charte de Kurukan Fuga*, 2019.
Gaston Dyndo ZABONDO, *Démocratie et Ethique, Émancipation politique et sociale de l'Afrique*, 2019
Gilbert TSHILUMBA KALOMBO, *RD Congo, Syndrome d'un échec politique*, 2019.
Kayamba TSHITSHI NDOUBA, *Le néoconstitutionnalisme africain. Tendances et trajectoires*, 2019.
Éric Wilson FOFACK et François-Xavier ÉLONG FILS (dir.), *Cameroun, les dynamiques de construction du leadership en Afrique centrale, Regards croisés,* 2019.
Alain Roger PEGHA, *Survivances de la culture égypto-nubienne chez les Bantu. Essai sur les fondements pharaoniques de la renaissance africaine*, 2019.
Georges DUPRÉ, *Koto, l'égalité nécessaire, Savoir et pouvoir dans une société clanique, Les Nzèbi du Congo et du Gabon*, 2019.
Arthur VIDO, *Biographie du roi Kpengla du Danhomè,* 2019

Nakpane Labante

La Compagnie togolaise des mines du Bénin (CTMB) et l'exploitation des phosphates du Togo (1954-1974)

Préface du Professeur Michel Adovi N'buéké Goeh-Akue

L'Harmattan

Du même auteur

L'Etat sénégalais face aux aspirations
à une "sénégalisation" plus poussée
des entreprises commerciales et industrielles (1968-1980),
Editions universitaires européennes, 2018.

5-7, rue de l'Ecole-Polytechnique, 75005 Paris
http://www.editions-harmattan.fr
ISBN : 978-2-343-18886-7
EAN : 9782343188867

A la mémoire de mon père, Napo Léon Labante,
arraché à mon affection le 21 janvier 2002.
A mon épouse, Bossa Azaratou,
A mes enfants, Gnamba, Mawate et Bassa.
Puisse cet ouvrage combler l'affection qui vous a fait
défaut au moment de son élaboration.

REMERCIEMENTS

Le présent ouvrage est le fruit d'une recherche entamée au Togo, au début de 2001, poursuivie entre 2005 et 2009 et achevée, courant juin 2015, dans certains centres de documentation en France, notamment au Centre d'études en sciences sociales sur les mondes africains, américains et asiatiques (CESSMA) de l'Université Paris VII-Denis Diderot, à la BULAC, à la Bibliothèque François Mitterrand, à la Documentation française et à la bibliothèque de l'ASOM, grâce à une bourse postdoctorale qui m'a été octroyée par l'Université de Kara, mon employeur. C'est pourquoi, en premier lieu, je voudrais lui exprimer ma sincère reconnaissance pour cette bourse qui m'a permis de disposer d'importantes informations pour enrichir le travail préalable effectué au Togo.

Madame la Professeure Odile Goerg de l'Université Paris VII-Denis Diderot a été, de 2002 à 2006, la tutrice de mes travaux de recherche en DEA et en thèse au laboratoire Sociétés en développement dans le temps et dans l'espace (SEDET), devenu CESSMA. Sa bienveillante attitude a rendu possible mon séjour de recherche au CESSMA dans le cadre de la bourse postdoctorale. Je tiens donc, en second lieu, à lui témoigner ma profonde gratitude pour tous les soins attentifs, l'appui scientifique et les différentes facilités dont j'ai bénéficié de sa part.

Le manuscrit a été soumis à l'appréciation de deux de mes collègues, Bammoy Nabe et Komlan Kouzan, maîtres de conférences, qui se sont prêtés à cet exercice délicat, nonobstant leurs pesantes charges académiques et administratives. Leurs observations et suggestions ont contribué à améliorer la qualité scientifique de mon document. Je leur sais gré de cette coopération et de cette complicité – dans le sens noble du terme – qui ont toujours prévalu entre nous, les pionniers du département d'histoire de l'Université de Kara.

Le Professeur Michel Adovi N'buéké Goeh-Akué a été au début et à l'aboutissement de cette recherche, en acceptant de préfacer l'ouvrage qui en est issu. Je voudrais le prier de bien vouloir accepter l'expression de mes sentiments déférents et reconnaissants pour tout ce qu'il a été pour moi depuis que le destin m'a mis sur sa trajectoire.

Mon cousin Koffi Gnofam, docteur en droit privé et avocat au barreau de Paris, m'a offert, en juin 2015, l'hospitalité, comme lors de mes précédents séjours en France. C'est le lieu de lui renouveler mes sentiments de reconnaissance pour ses prévenances qui ont rendu mon séjour à la fois utile et agréable.

Le collègue Kwamivi N. Segbeaya, maître-assistant en chimie, s'est rendu disponible pour m'aider à la mise en forme du document. Je voudrais lui exprimer ma gratitude pour sa sollicitude. De même, au professeur Laré Kantchoa, spécialiste de la linguistique descriptive, qui a bien voulu lire certains passages importants du présent ouvrage, je témoigne ma reconnaissance pour sa constante prévenance.

Enfin, que le personnel des centres de documentation dans lesquels j'ai effectué mes recherches veuille bien accepter ma sincère gratitude pour tout le soutien qu'il m'a apporté. Je pense particulièrement à Mme Danielle Casamatti de l'ASOM dont l'amitié et la disponibilité m'ont aidé à réunir d'importants matériaux ayant servi à l'élaboration du présent ouvrage.

SIGLES ET ABREVIATIONS

ATT : Assemblée territoriale du Togo
BAD : Banque africaine de développement
BB : Brasserie du Bénin
BCEAO : Banque centrale des Etats de l'Afrique de l'Ouest
BMFOM : Bureau minier de la France d'outre-mer
BRGM : Bureau de recherches géologiques et minières
BTD : Banque togolaise de développement
CCCE : Caisse centrale de coopération économique
CCFOM : Caisse centrale de la France d'outre-mer
CDB : Compagnie du Bénin
CEET : Compagnie énergie électrique du Togo
CERPHOS : Centre d'études et de recherches des phosphates minéraux
CIMTOGO : Ciments du Togo
CNSS : Caisse nationale de sécurité sociale
COFIMER : Compagnie financière pour l'outre-mer
COMILOG : Compagnie minière de l'Ogoué
COMINARMAR : Compagnie internationale d'armement maritime
COMIPHOS : Compagnie minière et phosphatière
CPAN : Compagnie des phosphates d'Afrique du Nord
CRN : Comité de réconciliation nationale
CSPT : Compagnie sénégalaise des phosphates de Taïba
CTMB : Compagnie togolaise des phosphates du Bénin
FIDES : Fonds d'investissement pour le développement économique et social
IFG-TG : International fertilizer group-Togo
IRCM : Impôt sur le revenu des capitaux mobiliers
IRVM : Impôt sur le revenu des valeurs mobilières
ITT : Industrie textile togolaise
JORT : Journal officiel de la République du Togo
JOTT : Journal officiel du territoire du Togo
MIFERMA : Mines de fer de Mauritanie
NET : Nouvelle entreprise du Togo
OPAT : Office des produits agricoles du Togo

OTP : Office togolais des phosphates
PTP : Parti togolais du progrès
RPT : Rassemblement du peuple togolais
SCIA : Société chimique et industrielle africaine
SCOA : Société commerciale de l'Ouest africain
SOMIMA : Société minière de Mauritanie
SNPT : Société nouvelle des phosphates du Togo
TFRTT : Taxe forfaitaire représentative de la taxe sur les transactions
TOM : Territoire d'outre-mer
UCPN : Union des chefs et populations du Nord-Togo
UNELCO : Union électrique coloniale
UPHA : Union phosphatière africaine

PREFACE

M. Nakpane LABANTE est un jeune prodige de la recherche en histoire économique et sociale de l'Ecole historique de Lomé. Il faut entendre par là le regroupement des historiens du Togo qui se donne pour ambition de revisiter l'Histoire du Togo avec un regard nouveau, dont *L'Histoire des Togolais* est une des premières références. Le présent ouvrage s'inscrit dans la continuité de cette démarche historienne de faire une histoire totale, même s'il est difficile d'échapper à l'artifice pédagogique fondé sur la spécialisation. La production de M. LABANTE, tout en prenant appui sur des questions économiques, est fortement orientée vers les questions sociales, politiques et culturelles.

Les linéaments de la présente publication ont été posés en 2002, lorsque l'auteur, aujourd'hui maître de conférences en Histoire contemporaine à l'Université de Kara, faisait ses tout premiers pas sur les sentiers de Clio. Le propos de son mémoire de maîtrise, intitulé *Territoires français d'outre-mer et investissements privés : le Togo et la Compagnie togolaise des mines du Bénin de 1954 à 1974*, était d'appréhender le contexte et les conditions qui ont présidé à l'exploitation des phosphates dans le territoire du Togo, alors sous tutelle de la France. Il en était arrivé à poser, globalement, la politique des investissements privés étrangers (IPE) dans l'empire colonial français d'Afrique noire en relation avec l'industrialisation. L'acuité de la question en Afrique a d'ailleurs conduit M. LABANTE à l'approfondir dans son mémoire de DEA (2003) et dans sa thèse (2009), avec une ouverture sur le Sénégal. C'est dire qu'en dehors des résultats de la première recherche, l'ouvrage a également bénéficié des acquis de travaux consécutifs ainsi que de la moisson d'un séjour de recherche en France, en juin 2015.

A partir d'une démarche heuristique rigoureuse, l'auteur expose l'histoire de la mise en valeur des phosphates en trois temps. D'abord, le climat d'investissement qui a encadré les activités de la Société minière du Bénin (SMB) – créée le 1er décembre 1954 – devenue CTMB le 14 octobre 1957, le début des prospections et l'organisation administrative et financière de la compagnie concessionnaire des phosphates. Ensuite, la poursuite des travaux de prospection suivie de la mise au point des techniques d'enrichissement du minerai, l'immobilisation des financements qui a permis l'installation des équipements nécessaires au démarrage effectif des activités d'exportation en 1961, avec diverses facilités des pouvoirs publics. Enfin, le fonctionnement de l'entreprise, de l'exploitation à sa nationalisation par l'Etat togolais en 1974, avec un accent particulier sur les relations entre la compagnie et les gouvernements successifs du Togo indépendant ainsi que sur les efforts d'investissement de cette société pour consolider son assise.

Par ailleurs, la volonté de rendre plus accessibles les fruits enrichis de cette première recherche réside dans l'actualité de la question abordée, à savoir le rôle et la place des investissements étrangers en Afrique et au Togo. En effet, après pratiquement six décennies d'indépendance, la situation a peu évolué. Les territoires, anciennement colonies ou territoires sous tutelle, aujourd'hui indépendants, demeurent tributaires des mêmes tares pour leur industrialisation. Les velléités de nationalisation des unités industrielles extractives n'ont rien changé. Tout comme hier, les codes d'investissement alléchants sont conçus pour attirer les IPE censés promouvoir le décollage économique tant espéré, qui a pris un nouveau nom : « l'émergence économique ». La pire forme de ces codes est l'ouverture de zones franches ou carrément la transformation de tout le territoire national en zones franches comme c'est le cas au Togo. Dans l'équation investissements privés étrangers, industrialisation = création d'emplois, prospérité économique, l'inconnue ou plutôt la variable mesurable est difficile à déterminer. Le décollage par l'industrialisation reste un défi. Les unités ayant bénéficié des avantages fiscaux des codes d'investissement n'ont pas créé les emplois espérés, à part l'embauche, plus souvent d'ouvrières et d'ouvriers aux conditions socioéconomiques peu enviables.

Pour l'historien, remettre au goût de l'actualité les fondements de ce mythe du décollage économique que les métropoles ont entretenu dans l'esprit des dirigeants des jeunes Etats nés de la décolonisation économique, c'est apporter l'éclairage aux concitoyens sur les conditions dans lesquelles sont nés les régimes fiscaux spéciaux et les limites de ces politiques à travers le cas de l'unité industrielle la plus importante au Togo, en termes de capitaux investis depuis l'époque coloniale.

En effet, les phases de mutation de la Compagnie togolaise des mines du Bénin (CTMB), devenue l'Office togolais des phosphates (OTP) en 1974, l'International fertilizer Goup (IFG-Togo) en 2002, puis la Société nouvelle des phosphates du Togo (SNPT) en 2007, correspondent à des changements dans le mode de gestion de cette grande entreprise. Quel est, effectivement, l'impact de l'exploitation des phosphates sur le bien-être des citoyens dans leur ensemble ?

Dans son rapport analytique de la dette publique du Togo au 31 décembre 2013, la Direction de la Dette publique (DDP) a précisé que sur les 60 806 963 070 FCFA de dette des sociétés d'Etat liquidées, figurent celles des sociétés OTP et IFG qui représentent respectivement 14 563 455 415 FCFA et 13 107 879 662 FCFA. Naturellement, les gouvernants ont fait le choix de transférer cette dette dans le portefeuille de la dette publique et donc aux frais du contribuable. Cette situation remet en cause la corrélation que le commun des citoyens est en droit de faire entre l'exploitation de cette unité industrielle, fleuron de l'économie nationale, et la prospérité économique du pays. Combien d'emplois ont été générés ? Quel impact sur la croissance économique du pays, en près de six décennies d'exploitation, sans compter les conséquences sur l'environnement ? Autant d'utopies que l'on ne peut comprendre sans aller à la source de ce financement qui reste une entreprise capitaliste, ni plus ni moins, dans la droite ligne de l'exploitation coloniale, même si, entre- temps, l'indépendance politique est acquise et que des dirigeants (sic) se sont posés en garants d'intérêts nationaux en procédant à la « nationalisation » au profit d'une oligarchie, dont les intérêts ont fini, de nouveau, par croiser ceux des étrangers, engendrant des dégâts collatéraux : vétusté de l'outillage non amorti au temps des vaches grasses, mauvaise gestion, endettement, sous-exploitation, etc.

L'histoire ne saurait être juge de situations délétères créées par les acteurs. Sa modeste prétention est de rendre intelligible le présent ; tel est l'objectif que poursuit M. LABANTE en rendant accessible l'histoire de cette compagnie qui a fait tant rêver les Togolais et dont la gestion ainsi que les apports potentiels alimentent les discussions sur son impact réel sur la croissance économique du Togo.

Professeur Michel Adovi N'buéké GOEH-AKUE
Coordonnateur des écoles doctorales
Université de Lomé (Togo)

INTRODUCTION GENERALE

« Géant de l'économie nationale », « fer de lance de l'économie togolaise », « poumon de l'économie nationale », tels sont quelques-uns des qualificatifs utilisés, dans les documents officiels (OTP, 1984), pour traduire l'importance du secteur des phosphates dans l'économie du Togo entre la seconde moitié des années 1970 et la fin des années 1980. Nonobstant leur connotation politique, parce qu'elles participent de la justification de la nationalisation de l'exploitation et de la commercialisation de la première ressource minière du pays, ces différentes épithètes expriment la place effective de l'industrie phosphatière dans l'économie du pays.

En effet, dans les années 1970 et 1980, la part de cette ressource avoisine 20 % du PIB et participe pour environ 40 % aux recettes d'exportation du Togo. De même, le secteur des phosphates contribue à la croissance économique du pays par la création d'emplois et par sa contribution au budget de l'Etat à hauteur de 35 %. En résumé, la société des phosphates était la plus importante de toutes les entreprises publiques et parapubliques du Togo, avant la descente aux enfers qui contraint les pouvoirs publics à opérer la restructuration du secteur à partir de 2002.

Cette belle performance des phosphates togolais, dans les années 1970 et au début des années 1980, n'est pas *ex nihilo*. Elle est le fruit d'efforts multiformes et soutenus de la Compagnie togolaise des mines du Bénin (CTMB), la société qui a assuré l'exploitation des phosphates de 1954 jusqu'à leur nationalisation par l'Etat togolais en 1974. Il a fallu, en fait, que l'entreprise concessionnaire surmonte des difficultés de toute nature : problèmes techniques (prospection, extraction, traitement, transport, embarquement du minerai, compliqués par les données géographiques et climatiques, l'absence d'infrastructures adaptées et de main-d'œuvre industrielle) ; problèmes financiers dont l'importance se mesure à celle des investissements nécessaires ; problèmes administratifs et juridiques résolus progressivement dans un esprit de coopération pour aboutir, en septembre 1957, à poser la clé de voûte de l'édifice : la convention aux fins de mise en valeur économique du gisement de phosphates de chaux du Togo.

Ces obstacles que rencontre l'exploitation des phosphates ainsi que leur résolution sont évoqués par le président du conseil d'administration de la CTMB, Paul Gingembre, lors de l'inauguration de la troisième chaîne d'exploitation, à Kpémé, le 27 novembre 1965, en présence du chef de l'Etat d'alors, Nicolas Grunitzky, en ces termes :

> « Pour en arriver là, il a fallu investir sans relâche, et même pendant les années déficitaires ; les installations que nous avons l'honneur de vous présenter ont coûté plus de 8 milliards de francs CFA et le fonds de roulement immobilise près d'un milliard supplémentaire. Cet effort n'a été possible que dans un cadre international où les apporteurs de capitaux de France et des Etats-Unis d'Amérique ont reçu l'aide d'organismes officiels ou privés de leur pays respectif, sans oublier le concours de nos principaux fournisseurs français, allemands et suisses »[1].

[1] *Togo-Presse*, n° 1009, du lundi 29 novembre 1965, qui fait le point sur l'inauguration de la troisième chaîne de la CTMB par le président Grunitzky, p. 1 et p. 7.

Carte n°1 : Centres minier et industriel des phosphates

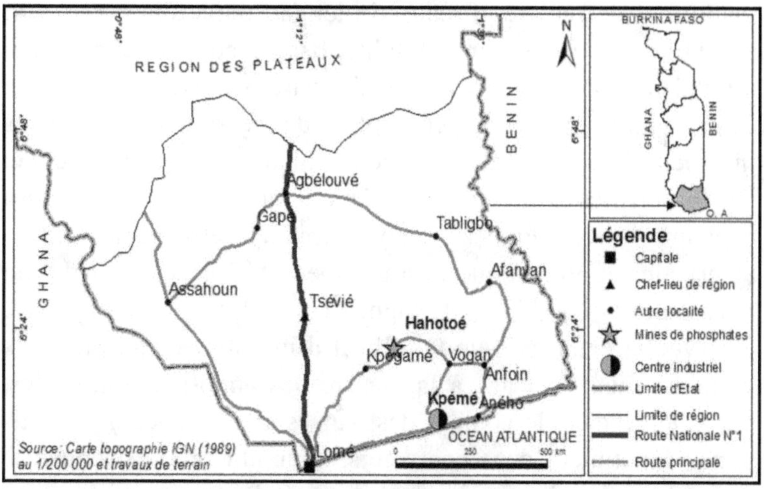

Ces propos permettent d'apprécier tous les sacrifices consentis par la CTMB, l'Etat togolais et les différents partenaires pour passer du projet ambitieux à la mise en valeur effective des phosphates du Togo, de même que pour garantir le succès des activités de l'entreprise. Mais dans quel contexte se situe l'intervention de cette entreprise sur le territoire du Togo encore sous tutelle de la France ?

Au lendemain de la Seconde Guerre mondiale, dans le cadre des plans de développement économique et social établis conformément à la loi du 30 avril 1946[2], la France formule un appel exprès à l'endroit des groupes privés pour des investissements dans son domaine colonial, notamment pour la mise en valeur des ressources du sous-sol dont certaines sont découvertes et les projets en cours d'étude. Pour ce faire, la puissance coloniale conçoit une politique destinée à faciliter la participation des investissements privés à la réalisation des plans : création des organismes financiers, tels le FIDES et la

[2] L'objectif de ces plans était de stimuler la production, la transformation, la circulation et l'utilisation des richesses de toute nature des territoires d'outre-mer. Cf. article 1er de la loi du 30 avril 1946, JOTT, 1946, pp. 550-551.

CCFOM, chargés de la promotion du secteur privé, et institution de régimes fiscaux de longue durée dans les TOM garantissant une certaine stabilité fiscale aux entreprises qui répondent à l'invitation d'investir outre-mer (Labante, 2009 : 2). En outre, au regard de l'ampleur des ressources financières indispensables à la réalisation de ces plans de développement et des problèmes techniques, il s'avère qu'une association des capitaux privés français aux capitaux étrangers, surtout américains et britanniques, est indispensable, avec des règles du jeu assurant l'équilibre (N'gango, 1973 : 298).

Avec la création d'un tel climat d'investissement, plusieurs grands projets français, à la mesure des ambitions retrouvées, ont émergé dans le courant des années 1950, et les tractations pour constituer des opérateurs, garantir des débouchés, rassembler des financements, concevoir l'exploitation, se sont engagées, en concertation avec les pouvoirs publics, dans les grandes opérations minières africaines. Décidée à la croissance, solidaire avec l'Afrique et avec d'autres zones géographiques sous son influence, la France a relevé le défi du continent américain, de l'Australie et de l'Afrique du Sud. Les gisements les plus importants sont ceux de minerais de fer (en Mauritanie, en Guinée et au Gabon), de bauxite (en Guinée), de cuivre (en Mauritanie), de phosphate (au Sénégal et au Togo), de manganèse (au Gabon), de potasse (au Congo) (Bourrelier & Lespine, 2008 : 8).

C'est donc dans le cadre de la contribution des investissements privés à l'exploitation des ressources minières outre-mer et, par ricochet, au progrès économique et social des TOM d'Afrique subsaharienne que se situe la constitution de la Société minière du Bénin (SMB), en 1954, au Togo. Cette société s'intéresse à la mise en valeur du gisement de phosphates découvert deux ans auparavant, en 1952, suite aux observations faites par le géologue français L. Visse dans la région située entre Akoumapé et Animabio. Après repérage des indices très intéressants de phosphates, les travaux de prospection et de recherche sont décidés et poursuivis, sur l'initiative du Comptoir des phosphates d'Afrique du Nord (CPAN), avec des moyens de plus en plus importants au cours de la période qui s'étend de 1953 à 1957, voire au-delà. Ces indices font l'objet de travaux de recherches importants de part et d'autre du lac Togo, à une faible distance de la mer (20 à 25 km), par puits et sondages *Benoto* et puits à main[3]. Ces travaux sont menés sur le tiers de la surface sédimentaire du Bas-Togo, soit 1 000 km^2 ou 100 000 ha qui ont été étudiés.

Carte n°2 : Importantes réalisations minières en Afrique noire francophone dans les années 1950

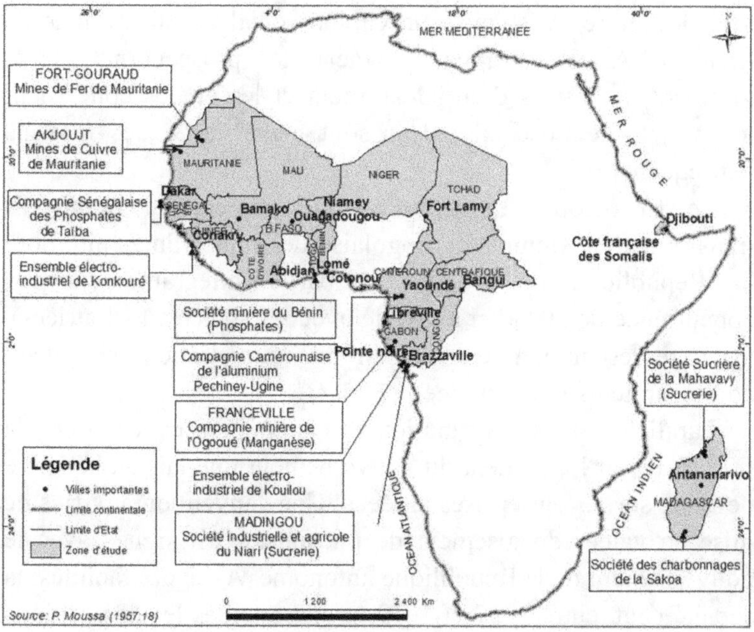

Des dizaines de milliers d'échantillons ont pu être ainsi soumis aux analyses de laboratoire afin de connaître les teneurs du minerai et d'en apprécier la qualité. Au même moment, des

[3] ANT-Lomé, Sous-série 5G, dossier 19 : Notes relatives à la recherche et à la mise en valeur du sous-sol du Togo (1955-1957), surtout la note sur les problèmes miniers et l'intérêt d'une étude du bassin sédimentaire côtier du Bas-Togo.

essais d'enrichissement au stade du laboratoire, puis à l'échelle industrielle sont effectués. Une laverie-pilote est même construite spécialement à Vokoutimé. Elle a permis de traiter, en 1956/1957, plusieurs dizaines de milliers de tonnes de minerai brut et de pouvoir conclure à une récupérabilité intéressante avec un très bon coefficient d'enrichissement du minerai brut.

Dès le départ, les premiers résultats permettent de conclure à une possibilité d'existence d'un gisement de classe mondiale exploitable. C'est alors que la Société minière du Bénin (SMB), après avoir obtenu les droits détenus par le CPAN, est formée, le 4 décembre 1954, avec un capital social de 50 millions de francs CFA. Grâce à cette société, les prospections sur le gisement, les essais d'enrichissement et les études concernant les projets de mise en valeur sont menés avec des moyens conséquents[4].

Le 14 octobre 1957, la Société minière du Bénin est transformée en Compagnie togolaise des mines du Bénin, dont la République du Togo fait partie intégrante (jusqu'à concurrence de 20 %[5] et à égalité avec les sociétés fondatrices), avec représentation en conseil d'administration par deux administrateurs dont un vice-président[6].

Parallèlement à l'attribution des premières concessions, la CTMB reçoit l'agrément du gouvernement togolais au bénéfice de la loi sur les entreprises agréées. Une convention aux fins de mise en valeur du gisement de phosphates est signée avec le gouvernement de la République autonome. Avec ces facilités, la société peut, entre 1957 et 1959, prendre toutes les dispositions pour l'extraction du minerai, le transport vers Kpémé, le

---

[4] Cf. Allocution mensuelle du président de la République togolaise (vendredi 24 novembre 1961), *Bulletin mensuel de la Chambre de commerce, d'agriculture et d'industrie de Lomé*, mois de novembre 1961, p. 4.

[5] En théorie, parce que le Togo n'a souscrit aux 20% qu'en 1965.

[6] *Rapport annuel du gouvernement français à l'Assemblée générale des Nations unies sur l'administration du Togo placé sous la tutelle de la France*, année 1957, p. 128.

traitement d'enrichissement, le stockage et l'embarquement, l'énergie et les services connexes.

Après avoir déterminé l'envergure financière des investissements nécessités par la mise en valeur du gisement qui lui est concédé, la CTMB s'occupe de réunir les fonds nécessaires à la réalisation de ce complexe industriel. Afin de pourvoir aux investissements, évalués à plus de 6 milliards de francs CFA, elle décide de porter son capital social à 1 milliard 180 millions de francs CFA.

La mobilisation des fonds permet de commander tout le matériel nécessaire à l'exploitation, qui est acheminé à la carrière à Kpogamé et au centre industriel de Kpémé. Echelonné sur quatre ans, son montage est réalisé grâce à l'arrivée au Togo des monteurs spécialistes de chaque constructeur avec la main-d'œuvre togolaise[7].

Avec l'achèvement des travaux du complexe intégré, la CTMB est à même d'exporter le phosphate qu'elle a extrait et traité. C'est ainsi que le 1er septembre 1961, le navire *S/C Hawaï*, appartenant à la société japonaise Mitsui Bussan Kaisha ltd, appareille avec un chargement de 16 920 tonnes de phosphates togolais. Cet événement vient de tourner une nouvelle page de l'histoire du nouvel Etat sur le plan économique.

En effet, la jeune République termine l'année 1961 sur d'austères perspectives. Les cultivateurs du nord travaillent davantage sans guère s'enrichir. Quant aux planteurs de cocotiers, ils voient s'étendre, d'une façon inquiétante, la maladie de Kaïcopé. Seules les exportations des phosphates viennent apporter des motifs de réconfort. Grâce à une forte progression de leur production, les phosphates jouent un rôle non négligeable dans l'économie togolaise jusqu'à la

[7] Cf. Allocution mensuelle du président de la République togolaise (vendredi 24 novembre 1961), *Bulletin mensuel de la Chambre de commerce, d'agriculture et d'industrie de Lomé*, mois de novembre 1961, p. 5.

déconfiture des années 1990 et 2000, résultat de la mauvaise gestion et de l'obsolescence des équipements.

Quoi qu'il en soit, dans quelles conditions la CTMB a-t-elle assuré la mise en valeur des phosphates du Togo et quelles en sont les répercussions sur les plans économique et social ? Cette principale préoccupation constitue le fil d'Ariane du présent ouvrage. Pour y répondre, il a fallu mettre en évidence le régime des investissements privés au Togo dans les années 1950, les efforts déployés par la société concessionnaire pour rendre possible le projet de mise en valeur des phosphates, les facilités administratives destinées à assurer son bon fonctionnement et l'impact des activités de la compagnie sur le plan socioéconomique.

Une démarche, fondée sur les canons de la discipline historique, nous a conduit aussi bien à consulter les sources écrites (ouvrages généraux et spécifiques, archives nationales du Togo, archives non classées de la CTMB, périodiques, rapports, annuaires) qu'à collecter certains témoignages oraux. Passées au crible, les informations rassemblées permettent de reconstituer le processus et les modalités de la mise en valeur des phosphates ainsi que l'impact de l'exploitation de cette ressource sur l'économie et la société togolaises entre 1954, année de la création de la Société minière du Bénin qui devient concessionnaire des phosphates, et 1974, qui voit la puissance publique mettre l'exploitation et la gestion de sa première ressource minière sous son contrôle.

Trois parties, comportant en tout six chapitres, constituent l'ossature de l'ouvrage.

La première met en exergue les différentes dispositions prises par les responsables du territoire togolais pour attirer les détenteurs de capitaux, au cours des années 1950. Pour mieux cerner les particularités de ces mesures, il a fallu les replacer dans le contexte général de la politique des investissements privés dans l'empire colonial français d'Afrique noire. Cette partie étudie, en outre, l'organisation de la SMB, devenue CTMB, première société à bénéficier des dispositions du régime fiscal des entreprises agréées, des points de vue administratif et financier.

La deuxième fait le point sur les activités de la SMB puis de la CTMB, depuis l'obtention des droits du CPAN en 1955, jusqu'à la mise en place des équipements en 1961. De manière concrète, elle met en évidence les mesures légales et réglementaires qui ont accompagné l'installation des équipements, et fait ressortir les moyens mis en œuvre par la société concessionnaire pour assurer l'aboutissement de son projet.

Quant à la troisième, elle met en relief le fonctionnement de l'entreprise de 1961, année de sa mise en service, à 1974, année de sa « nationalisation ». Elle permet d'apprécier les relations entre la compagnie et les gouvernements du Togo indépendant ainsi que les efforts d'investissement pour consolider l'assise de l'entreprise. Enfin, sont examinées les différentes péripéties qui ont débouché sur la nationalisation de la société.

PREMIERE PARTIE

LES CONDITIONS D'INVESTISSEMENT PRIVE AU TOGO ET L'ORGANISATION DE LA SMB PUIS DE LA CTMB (1954-1974)

INTRODUCTION
DE LA PREMIERE PARTIE

Il est apparu, au lendemain de la Seconde Guerre mondiale, qu'il est impossible de promouvoir la mise en valeur des territoires coloniaux d'Afrique sans une impulsion massive des capitaux publics. C'est la fonction qui est assignée au FIDES et à la CCFOM créés en 1946. De plus, les capitaux privés, peu disposés à investir dans des zones alors réputées déshéritées (Cotte, 1981 : 4), sont encouragés à participer à la réalisation des plans de développement économique et social de ces territoires. Nonobstant le concours des pouvoirs publics, les investissements privés, dans le secteur capitaliste de la production, n'ont pas donné les résultats escomptés.

Cette réticence de l'initiative privée amène la puissance publique à changer son fusil d'épaule. C'est ainsi qu'elle prend des mesures incitatives appropriées, au moyen des lois et décrets en métropole, pour permettre au secteur privé de combler ses attentes.

Toutefois, le législateur laisse une marge de manœuvre à chaque territoire pour l'exécution des décisions prises en métropole. Cette tâche est confiée aux Grands Conseils et aux Assemblées locales dont les TOM sont dotés à la fin de 1946. Dans ce cas, comment l'Assemblée territoriale du Togo a-t-elle procédé ?

Au Togo, la puissance tutrice veut présenter son action sous d'heureux auspices : faire de cette entité un pays moderne. Par le biais des intrigues politiques, elle parvient à instaurer, à la faveur des élections anticipées du 12 juin 1955, une assemblée constituée uniquement des partis dévoués à sa cause (Parti togolais du progrès, PTP, et Union des chefs et populations du Nord, UCPN)[8]. Cette assemblée favorise l'institution de la République autonome au sein de l'Union française. Aussi, approuve-t-elle seulement des décisions préparées par la puissance administrante, surtout en matière d'attrait des capitaux privés, sans penser aux conséquences.

Avant l'avènement de la République autonome en 1956, la Société minière du Bénin (SMB) s'est constituée fin 1954, avec pour objectif de mettre en valeur les phosphates découverts, en 1952, dans la région d'Akoumapé par le CPAN. En 1955, cet organisme cède ses droits à la SMB qui commence, dès lors, à réaliser des investissements d'une certaine importance. C'est tout à fait logique qu'elle soit la première à être admise au bénéfice du régime fiscal particulier des entreprises agréées juste au lendemain de son adoption, c'est-à-dire le 12 septembre 1957.

Au demeurant, la présente partie appréhende, en premier lieu, les mesures prises par les responsables du Togo des années 1950, sur la base de la politique en vogue dans tout l'empire colonial français d'Afrique noire, pour attirer les investissements privés. En second lieu, elle fait l'autopsie de l'organisation administrative et financière de la SMB ou CTMB, société au cœur de la présente étude.

---

[8] Ces élections sont boycottées par le Comité de l'unité togolaise (CUT) qui doute de leur transparence. La contestation des résultats de ce scrutin est payante pour ce parti, puisqu'elle aboutit aux élections du 27 avril 1958 qui voient la victoire du tandem CUT / JUVENTO (le Mouvement de la jeunesse togolaise) sur la coalition PTP/UCPN. Cf. Aduayom et al. (2005 : 637).

CHAPITRE PREMIER

LE REGIME DES INVESTISSEMENTS PRIVES AU TOGO (1951-1957)

Les plans de développement économique et social mis en œuvre dans les TOM, au lendemain de la Seconde Guerre mondiale, sont censés ouvrir la voie à l'investissement privé. Or, dans la seconde moitié des années 1950, il apparaît que les capitaux privés ont partiellement répondu à l'appel de la puissance publique. De ce fait, elle décide d'exécuter la loi de finances du 31 décembre 1953 relative à l'institution des régimes fiscaux de longue durée.

Au Togo, l'application de cette loi s'inscrit dans le cadre de l'exécution du décret n° 55-426 du 16 avril 1955 relatif aux institutions territoriales et régionales. A la faveur de ce décret, l'Assemblée territoriale du Togo (ATT) voit ses pouvoirs élargis et le territoire est doté d'un conseil de gouvernement. Désormais, le sort du Togo est de la compétence de ces institutions. C'est pourquoi, conformément aux prescriptions de la loi de finances pour l'année 1954, l'ATT adopte des délibérations pour attirer ou favoriser les entreprises privées.

Commencée de façon progressive en 1951, la codification des investissements privés est harmonisée en 1957 et reste en vigueur jusqu'en 1965, année de promulgation d'un code moderne des investissements. En fait, en quoi ont consisté les différentes mesures adoptées au profit des entreprises privées au Togo entre 1951 et 1957 ?

Il convient, avant d'y répondre, de souligner le contexte général dans lequel s'inscrit leur élaboration.

1. Les capitaux privés à la rescousse des plans de développement économique et social des TOM

A partir de 1946, la coopération des secteurs public et privé est présentée comme une condition indispensable à toute croissance dans les TOM. Il a été donc nécessaire de développer une unité d'action pour associer l'effort privé au secteur public (Carbon, 1954 : 100-106). C'est ainsi qu'ont été fixés le cadre, les limites, les zones de concours entre puissance publique et investisseurs privés.

Par rapport à ces principes, il a été décidé que la mise en valeur raisonnée et intensive de l'Afrique noire et surtout de son industrialisation soit, en règle générale, le fait de l'entreprise privée. Dans cette optique est mise en œuvre une politique incitant les capitalistes à investir dans l'empire colonial d'Afrique subsaharienne.

1.1. Les facilités financières du FIDES et de la CCFOM aux capitalistes privés

En dehors des avances complémentaires aux territoires, leur fonction primordiale, ces deux organismes financiers publics reçoivent également la mission de promouvoir les investissements privés. Comment expliquer alors le recours aux capitaux privés, notamment métropolitains ? En fait, cet appel en direction des investissements privés peut paraître paradoxal quand on sait que, pendant longtemps, ce sont eux qui ont eu en charge le développement économique des colonies qui a, malheureusement, débouché sur une exploitation prédatrice. Mais Pierre Moussa, un des chantres de la politique économique coloniale d'alors, puisqu'il est directeur des affaires économiques et du plan au ministère de la France d'outre-mer, a justifié, dans un ouvrage publié en 1957[9], le recours aux capitaux privés, en insistant sur deux raisons principales :

- D'abord, les possibilités du financement public sont limitées au vu de l'importance des tâches financièrement non rentables, notamment dans le domaine social et même économique : infrastructure et encadrement rural. Il apparaît donc que l'implantation d'un assez grand nombre de nouvelles unités industrielles ne peut se réaliser sans une large participation des capitaux privés ;
- Ensuite, ceux-ci se montrent plus appropriés aux exigences du financement industriel. L'expérience prouve que le secteur privé est, dans l'ensemble, mieux préparé que le secteur public à la responsabilité de la direction dans les affaires industrielles.

Il ne suffit pas de lancer une invitation aux investissements privés métropolitains pour qu'ils interviennent dans la réalisation des plans de développement économique et social des TOM. Encore faut-il prendre des mesures encourageantes, notamment sur le plan financier. C'est pourquoi la loi du 30 avril 1946 prend en considération ces impératifs.

Elle fait du FIDES le principal instrument de financement de ces plans. Ce fonds est alimenté par une dotation de la métropole (55 %), complétée par la contribution des territoires (45 %). Le FIDES est géré par la CCFOM sous le contrôle d'un comité directeur, dont l'une des attributions est d'autoriser la CCFOM à effectuer les opérations prévues à l'article 4 de la loi du 30 avril 1946.

Du point de vue de ces compétences, le comité directeur du FIDES a autorisé, le 19 décembre 1957, le financement des opérations suivantes :

---

9 *Les chances économiques de la communauté franco-africaine*, Paris, Armand Colin, 1957, 272 p.

- La participation, pour une somme de 15 millions de francs métropolitains, au capital de la société de participations pétrolières dont l'objet social comprend toutes opérations se rapportant, directement ou indirectement, à la recherche et à l'exploitation de gisements d'hydrocarbures.
- Un prêt complémentaire de 808 millions de francs métropolitains à la Compagnie sénégalaise des phosphates de Taïba (CSPT) au Sénégal pour la mise en valeur du gisement. Le comité directeur du FIDES a également autorisé le Bureau minier de la France d'outre-mer (BMFOM) à souscrire à une nouvelle augmentation de capital de cette société pour 340 millions de francs métropolitains.
- L'ouverture d'un crédit de 110 millions de francs métropolitains pour l'étude du passage du chemin de fer du manganèse de Franceville, compatible avec la retenue du barrage du Kouilou.
- Un prêt de 20 millions de francs métropolitains aux Messageries du Sénégal pour faciliter l'acquisition d'un chaland automoteur[10].

Quant à la CCFOM, elle est autorisée à accorder les avances au taux d'intérêt de 1 % l'an avec des délais de remboursement suffisants pour ne pas causer de préjudice à l'exécution des plans. En dehors de cette fonction, elle se voit attribuer certains moyens d'action d'une grande banque d'affaires : distribution du crédit à moyen et long terme, investissements financiers sous forme de prises de participation dans le capital des sociétés d'Etat et des sociétés d'économie mixte, en association avec les capitaux privés, cautionnement et fourniture de garantie de remboursement pour des crédits consentis par le secteur bancaire privé aux entreprises publiques ou privées. Cependant, la CCFOM a une vocation uniquement financière. Elle ne doit

---

[10] *Chroniques d'outre-mer* n°42, février 1958, pp. 19 & 20.

pas lancer des affaires ni en assurer la gestion pour son compte personnel. D'ailleurs, ses prises de participation au capital des sociétés privées sont, en fait, des opérations de financement à long terme, et non des placements spéculatifs (Rocheteau, 1982 : 32).

L'évaluation de l'appoint financier de la CCFOM au secteur privé en AOF, de sa création jusqu'en 1955, fait apparaître la priorité donnée aux investissements visant à la valorisation des ressources minérales et végétales destinées à l'exportation, mais aussi l'importance parfois négligée de sa contribution à la création d'une industrie de transformation venant en substitution des importations métropolitaines. Le tableau suivant fait le point sur l'aide directe de la CCFOM au secteur privé en AOF.

Tableau n°1 : Montant cumulé de l'aide de la CCFOM au secteur privé en AOF de 1947 à 1955

Branches d'activités	Montant de l'aide (millions de francs français anciens)	Pourcentage
Exploitations et industries agricoles et forestières	7 449	20,4 %
Grands projets industriels et exploitation minière	12 409	34, 0 %
Industries diverses	16 615	45,6 %
Total	**36 973**	**100,0 %**

Source : G. Leduc (1958), cité par Rocheteau (1982 : 33).

Au demeurant, l'action des pouvoirs publics en faveur du développement des TOM est d'une ampleur sans précédent. Mais les investissements publics sont orientés avant tout vers les infrastructures. Ainsi, en AOF, plus de 60 % des autorisations de programme FIDES servent au financement des infrastructures au cours du 1er plan, plus de 40 % au cours du second plan. Au même moment, les investissements directement productifs représentent 20 % au cours du 1er plan et un peu plus de 30 % au cours du second plan.

En fait, si le financement public des investissements productifs est relativement peu important, c'est que le secteur privé est censé réaliser de tels investissements, compte tenu de l'amélioration des conditions générales assurées par les dépenses publiques d'infrastructures (Berthelemy 1980 : 303-304). Mais les capitaux privés métropolitains ne répondent pas favorablement et promptement à l'invitation de la puissance publique. Cette absence des investissements privés métropolitains, pendant les premières années d'exécution des plans, est devenue une préoccupation pour la France. Elle fait l'objet de moult réflexions, à l'issue desquelles il est décidé de prendre des dispositions visant, non seulement à stimuler les entreprises privées métropolitaines, mais aussi à créer un cadre favorable à leur établissement et à leur fonctionnement dans l'outre-mer.

1.2. L'arsenal législatif et réglementaire : aiguillon et appât pour les investisseurs

Dans la recherche des voies et moyens pour permettre une implication active du secteur privé dans la réussite des plans de modernisation des TOM, la puissance publique pense, en premier lieu, à la nécessité d'élaborer un cadre alléchant qui puisse attirer les sociétés privées désireuses de s'établir outre-mer. C'est ainsi qu'elle autorise, aux termes de l'article 32 de la loi de finances pour l'année 1954, les Grands conseils et les Assemblées territoriales à accorder à certaines entreprises des contrats fiscaux de longue durée (15 ans), garantissant la stabilité partielle ou totale des charges fiscales. Sont visées par cette mesure les catégories d'entreprises censées avoir une incidence particulière sur la mise en valeur des territoires hôtes. A charge des organes législatifs, la détermination, par délibération, des catégories d'entreprises susceptibles de bénéficier de ces contrats et la précision du mode d'assiette, des règles de perception et des tarifs des impôts, contributions, taxes et redevances dont la stabilité est garantie pendant la durée des régimes (Labante, 2002 : 17).

Cependant, l'évolution de la conjoncture rend impérieuses la prolongation de la durée de la convention d'établissement et la modification du domaine de la convention elle-même. Ainsi, par le décret n° 56-1132 du 13 novembre1956, pris dans le cadre de la loi-cadre du 23 juin 1956, la durée de la convention est portée de 15 à 30 ans parce que les études sur la mise en valeur des ressources énergétiques et minières révèlent que l'implantation des sociétés d'exploitation doit se faire sur une assez longue période (N'Gango, 1973 : 113).

En dehors de la stabilité fiscale dont ont besoin les entreprises, il leur faut aussi la stabilité des conditions financières propres à assurer leur rentabilité. C'est pourquoi le décret n° 57-207 du 23 février 1957 donne aux assemblées la possibilité de passer avec les entreprises des conventions de longue durée dans les domaines extra-fiscaux : la liberté des échanges, le recrutement du personnel, les conditions de ravitaillement en matières premières et la non-discrimination entre entreprises. De plus, les pouvoirs publics autorisent la création d'actions de préférence dans les sociétés ayant leur siège social dans un des TOM et exerçant leur activité dans un ou plusieurs de ces territoires. Dans l'esprit de ses initiateurs, cette mesure est de nature à permettre à la fois une plus grande souplesse dans le financement des investissements et la sauvegarde des intérêts nationaux.

Le talon d'Achille de ces dispositions, c'est qu'elles ne concernent que les capitaux privés métropolitains. Or, l'ampleur des ressources financières indispensables à la réalisation de certains projets industriels envisagés et des problèmes techniques est telle que les sociétés françaises ne sont pas à même de supporter seules les charges. Dans ces conditions, le recours aux intérêts privés étrangers s'est avéré nécessaire. Ainsi, il est admis une dérogation au principe de l'égalité du droit de vote des actionnaires par la possibilité d'une attribution aux Français d'actions bénéficiant d'un vote privilégié et aux étrangers d'actions avec vote restreint (Wade, 1964 : 191)[11].

Entre-temps, le gouvernement fait adopter, le 23 juin 1956, la loi dite « loi-cadre ». L'objectif assigné à cette loi, issue de la réforme du titre VIII de la constitution du 24 octobre 1946, est d'associer plus étroitement les populations d'outre-mer à la gestion de leurs propres intérêts[12].

La loi-cadre n'a donc pas pour objet de modifier le volume des investissements publics, mais d'adapter un certain nombre d'institutions déjà en place afin d'en accroître l'efficacité. Elle reconnaît aussi que l'effort d'investissement ne doit porter ses fruits que si l'apport de la puissance publique est complété par d'importantes réalisations privées. Or jusqu'à l'adoption de la loi-cadre du 23 juin 1956, l'initiative privée n'a répondu qu'assez partiellement aux efforts entrepris sur le plan public et laisse encore trop souvent à l'Etat, ou à ses émanations, des initiatives et des responsabilités qui ne ressortent pas à sa compétence traditionnelle.

En vue de porter remède à cette situation et d'assurer le relais des fonds publics par des capitaux privés, le gouvernement use des pouvoirs, à lui conférés par la loi-cadre, pour prendre des mesures visant à stimuler et à développer les investissements privés outre-mer. C'est dans ce cadre que s'inscrit la création des sociétés financières pour le développement de l'outre-mer, sur une formule empruntée à celle des sociétés métropolitaines de développement régional. C'est le décret n° 56-1131 du 13 novembre 1956, modifié par celui n° 57-206 du 23 février 1957, qui consacre la création de ces sociétés qui ont pour objet de prendre des participations dans les entreprises concourant directement à l'exécution des

---

[11] Certaines entreprises comme la compagnie internationale pour la fabrication de l'alumine FRIA, en Guinée, et la société MIFERMA, en Mauritanie, bénéficient de ces dispositions.

[12] Informations extraites de *Chroniques d'outre-mer*, n° 32, février 1957, pp. 3-5.

plans de développement des TOM[13]. Elles bénéficient des avantages fiscaux, notamment l'exonération de l'impôt sur les sociétés, des taxes sur le chiffre d'affaires et de l'impôt de distribution, et aussi d'une garantie de dividende minimum. L'adoption de cette formule n'est pas le produit d'un hasard. Elle est redevable au contexte qui prévaut en métropole[14].

En dépit des arguments en faveur d'un désintérêt pour l'outre-mer, certaines sociétés financières voient le jour. La plus importante est la Compagnie financière de l'outre-mer, COFIMER, constituée vers la fin de l'année 1957. Au cours d'une assemblée des actionnaires, tenue le 17 avril 1958, l'un des dirigeants de cette société, le baron Guy de Rothschild, a précisé ses objectifs :

> « Vers la fin de 1957, en liaison avec la Banque de Paris et le Crédit lyonnais, nous avons participé à la création de COFIMER, première réalisation de société pour le développement des TOM. Avec son capital de 12,5 milliards, cette société prendra des intérêts dans les vastes réalisations de la Guinée et du Gabon, les phosphates du Sénégal et du Bénin, tout en réservant 20 % de ses moyens à la recherche pétrolière du Sahara et en Afrique noire.
>
> Sauf si les capitaux du monde occidental sont condamnés à brève échéance en Afrique, ce que je ne crois pas du tout, toutes ces participations sont appelées à un magnifique avenir.

---

[13] Cf. la teneur de ces décrets dans le JOTT 1957, p. 726 et p. 732.

[14] En réalité, après la crise mondiale, il y a une brève mais violente récession qui entraîne la naissance d'un courant anticolonialiste conservateur, favorable à la décolonisation au nom de la rationalité d'une saine gestion économique. Son terrain d'expression est la presse économique spécialisée, notamment *L'Entreprise* et *Le Monde* qui commencent à estimer plus rationnel de gérer un pays sans en avoir la charge politique et financière. Mais c'est le journaliste Raymond Cartier qui vulgarise ces idées auprès du grand public par le biais de ses articles parus dans *Paris Match* des 11 août et 1er septembre 1956 (Coquery-Vidrovitch & Moniot, 1984 : 428 & Coquery-Vidrovitch, 1998 : 209).

Avec son dividende garanti jusqu'à ce que ses propres actifs soient en rentabilité, COFIMER représente un placement à moyen terme très prometteur. »[15]

Ces propos du baron Guy de Rothschild ne sont pas démentis. Evidemment, les objectifs de la COFIMER sont atteints. Elle a effectivement pris des parts dans les phosphates du Sénégal et du Togo, les bauxite et alumine de Fria en Guinée et a bénéficié d'une garantie de dividende de 4 %, de sa création jusqu'en 1969 (Suret-Canale, 1987 : 102-104).

Par ailleurs, dans le but d'encourager l'épargne à s'investir dans les TOM, le gouvernement français, par le décret n° 56-1249 du 10 décembre 1956, modifié par le décret n° 57-836 du 27 mars 1957, établit un régime spécial pour des réserves constituées par les sociétés métropolitaines en vue des investissements outre-mer[16]. Cette mesure vise principalement les entreprises qui, en France métropolitaine, sont assujetties aux impôts sur les revenus et à l'impôt sur les sociétés. Après avoir déterminé leur bénéfice imposable, elles peuvent constituer des réserves destinées à des investissements dans les TOM, au Cameroun et dans la République autonome du Togo. Grâce à ces réserves, elles peuvent obtenir, sous forme de participation ou de prêts, les sommes égales au montant des impôts qu'elles auront versés au titre de ces réserves[17].

Au total, ces différentes mesures ont permis l'exécution des plans de développement économique et social avec une contribution des investissements privés. Le constat est que les capitaux privés n'ont pas comblé les attentes des pouvoirs publics. Dans ces conditions, ils décident de procéder à l'exécution de la loi de finances du 31 décembre 1953 relative à l'institution des régimes fiscaux de longue durée.

---

[15] *Notes d'information et statistiques*, mai 1958, Nouvelles des entreprises, pp. 1 & 2.
[16] JOTT 1957, p. 732.
[17] La recherche n'a pas permis de savoir si certaines entreprises ont pu bénéficier de ce régime.

En matière d'élaboration des conditions propices aux investissements privés, au regard des dispositions de la loi de finances du 31 décembre 1953, il faut préciser que le Togo fait cavalier seul. Son évolution n'intéresse plus le reste de l'empire colonial d'Afrique noire dans la mesure où ses institutions, l'Assemblée territoriale et le Conseil de gouvernement, ont servi de banc d'essai et ont *de facto* inspiré le régime de la loi-cadre de 1956. Ce qui confère au Togo le statut de « territoire pilote ».

2. La République autonome du Togo : pionnière dans l'élaboration des conditions de l'investissement privé en Afrique noire française

Cette réglementation des investissements privés s'opère d'abord par des délibérations diffuses de l'Assemblée territoriale, qui sont ensuite fondues en un régime unique faisant office de code d'investissement au Togo.

2.1. Des délibérations de l'Assemblée territoriale pour la promotion des investissements privés

Avant l'adoption de la loi du 31 décembre 1953, qui prescrit l'institution des régimes fiscaux dans les TOM, l'Administration locale du Togo prend des dispositions pour encourager les placements des capitaux.

Ainsi, pour inciter certains établissements de crédit à participer plus activement à l'effort d'équipement, un régime de faveur est institué par l'instruction du 27 décembre 1951 pour les sociétés bancaires qui consentent des prêts à moyen et long terme. Ces sociétés doivent être autorisées à compenser les risques courus de ce fait par la constitution en franchise d'impôts de provisions dans la limite de 20 % des crédits consentis et de 5 % du bénéfice comptable réalisé au cours de l'exercice. Dans le même ordre d'idées est prise une décision autorisant l'amortissement accéléré des immeubles destinés au logement du personnel des entreprises industrielles et commerciales en vue de bénéficier de la réduction de l'assiette de l'impôt dû par ces entreprises[18].

Comme cela ne suffit pas, il est introduit, en 1953, dans la réglementation des impôts sur les revenus, un certain nombre de mesures dites d'encouragement au progrès économique et social. C'est ainsi que l'ATT adopte, le 22 octobre 1953, des propositions du gouvernement local tendant à autoriser l'amortissement accéléré du matériel et de l'outillage neufs, pour inciter les entreprises à moderniser leurs moyens de production. Cette mesure complète la faculté de constituer en franchise d'impôts des provisions pour le renouvellement de ces établissements. La même décision autorise également la constitution de provisions destinées, d'une part, au maintien ou à la reconstitution du stock normal indispensable aux entreprises industrielles et commerciales, d'autre part, à la reconstitution des gisements de substances minérales, afin d'encourager les entreprises minières. Enfin, une exemption temporaire totale d'impôt cédulaire, sur les bénéfices réalisés pendant les cinq premières années d'exploitation, est prévue au profit de toute industrie nouvelle dont l'installation est autorisée[19]. Il y a, en outre, la délibération n° 25/ATT du 12 juillet 1955 qui exempte du droit fiscal de sortie les cocos râpés fabriqués sur le territoire du Togo et celle n° 71/ATT du 4 décembre 1954 qui abaisse les droits de sortie sur les parfumeries et les savons ordinaires fabriqués au Togo[20].

On peut noter que l'édiction de ces mesures est liée à la conjoncture. Elles sont prises à partir du moment où certaines

---

[18] *Rapport annuel du gouvernement français à l'Assemblée générale de l'ONU sur l'administration du Togo placé sous tutelle de la France*, année 1951, p. 84.

[19] *Rapport annuel du gouvernement français à l'Assemblée générale de l'ONU sur l'administration du Togo placé sous tutelle de la France*, année 1953, p. 77.

[20] *Rapport annuel du gouvernement français à l'Assemblée générale de l'ONU sur l'administration du Togo placé sous tutelle de la France*, année 1955, pp. 105 & 106.

unités industrielles commencent à faire leur apparition sur le territoire du Togo, à l'instar de l'usine de coco râpé[21], de la féculerie de Ganavé[22] et de la savonnerie-parfumerie de Bè[23], et sont entrepris les travaux de prospection des phosphates par le CPAN.

Consécutivement à la loi du 31 décembre 1953, sont intervenues des modifications tarifaires vers la fin de 1955 et au cours de 1956. La délibération du 25 novembre 1955 porte sur la refonte des textes institutifs de la taxe sur les transactions. Elle détermine les modalités de perception de ces taxes et précise un certain nombre de produits et matériels dispensés de la Taxe forfaitaire représentative de la taxe sur les transactions

---

[21] Installée en 1949 par la société industrielle togolaise, elle est outillée pour la fabrication annuelle de 500 tonnes de produit. Pour son installation, elle bénéficie d'une avance de la CCFOM en tant qu'entreprise participant au plan d'équipement du territoire. Son matériel industriel est en presque totalité exonéré des taxes douanières à l'entrée du territoire, en même temps que sont supprimés les droits d'entrée en France sur le coco râpé. Cette unité reçoit, en outre, des facilités de change pour l'importation de matériel en provenance étrangère. *Cf. Rapport annuel du gouvernement français à l'Assemblée générale de l'ONU sur l'administration du Togo sous tutelle de la France*, année 1952, p. 142.

[22] Cette unité industrielle, créée par la Compagnie du Bénin (CDB), reçoit tout le soutien nécessaire de la puissance publique. Pour aider à son démarrage, l'Administration du territoire aménage, à deux reprises en 1948, les droits d'entrée sur ses matériaux d'équipement, aménagements qui aboutissent à une suppression presque totale de ces droits. Cette exonération de taxes est d'ailleurs étendue au ciment, aux tôles, véhicules, mobilier et outillages nécessaires à cette usine (Labante, 2009 : 168).

[23] Cette usine est la propriété de la Société chimique et industrielle africaine (SCIA), société constituée sur place en 1953, au capital de 12 millions de francs CFA. La fabrication de savon débute en août 1953 et, à la fin du mois de décembre, la production atteint 112 tonnes de savon de Marseille à 72 % d'huile. Les matières premières entrant dans la fabrication de ce produit sont exclusivement de provenance locale (huile de palme à 60 %, huile de palmiste et de coprah à 12 %). La construction de cette usine a d'heureuses répercussions sur l'économie locale. En effet, elle provoque, d'une part, la valorisation des produits du cru, d'autre part, une baisse de l'ordre de 25 % du prix de détail du savon de ménage. La branche « parfumerie » de cette usine est installée fin décembre 1953 et la production mise en marche au cours du second semestre de l'année 1954. A l'instar des deux premières sociétés, la SCIA bénéficie du soutien convenable des pouvoirs publics (Labante, 2009 : 171-172).

(TFRTT) à l'importation et à l'exportation[24]. De cette taxe sont exonérées les affaires d'exportation de produits finis fabriqués au Togo, comme, par exemple, le beurre frais fondu ou salé, la noix de coco râpée ou séchée, l'huile de palme brute. En sont également exemptés les matériels industriels destinés à l'équipement des entreprises industrielles minières et agricoles du territoire, à l'instar des wagons, wagonnets et berlines pour voies de 0,60 m d'écartement, des parties et pièces détachées de matériel de transport ferroviaire.

Cette mesure de l'ATT, offrant des franchises douanières aux réalisations industrielles, est modifiée et complétée par la délibération n° 33/ATT/ du 22 mai 1956. Celle-ci modifie la liste des matériels industriels exonérés de la TFRTT à l'importation en vertu de l'article 30, premier alinéa de la délibération n° 44/ATT/ du 25 novembre 1955. Elle ajoute également certains matériels qui ne sont pas mentionnés sur la liste annexée à la délibération qu'elle a modifiée. Elle précise, enfin, les conditions de jouissance de ce régime de faveur[25]. Une autre délibération, datée du 22 mai 1956, porte sur l'exemption de certains matériels d'équipement du droit fiscal d'entrée. Elle a, par dérogation aux dispositions de la délibération n° 24-49/ du 25 avril 1949 portant refonte des tarifs fiscaux d'entrée et de sortie, exempté du droit fiscal d'entrée un certain nombre de matériels d'équipement industriel.

---

[24] Cette délibération a distingué deux types de transactions : les transactions au Togo et celles à l'importation et à l'exportation. Chaque type de transactions a ses modalités de perception ainsi qu'un certain nombre de produits et matériels qui sont exemptés de la taxe.

[25] Pour bénéficier de ce régime, les industriels importateurs desdits matériels doivent adresser au chef du service des douanes de Lomé, avant dépôt de la déclaration en douanes d'importation, la communication de la correspondance relative à leur commande et une autre déclaration les engageant personnellement sous les peines de droit prévues en matière d'importation frauduleuse. De plus, l'importateur doit fournir, après réception du matériel, la preuve que celui-ci a été bien employé soit à l'installation d'une industrie naissante, soit comme complément d'extension ou de modernisation d'une industrie déjà existante. Cf. complément n° 1 joint à la délibération n° 33/ATT/ du 25 mai 1956, JOTT, pp. 771-777.

Indépendamment de la modération des tarifs d'entrée et de sortie ainsi que de nombreux cas nouveaux d'exemption douanière intéressant les biens d'équipement, il convient de souligner diverses mesures, instaurées toujours en 1956, en vue d'aboutir à un assouplissement de la réglementation fiscale et douanière et destinées principalement à favoriser les investissements sur le territoire du Togo. Il s'agit de la concession de régimes fiscaux d'une durée minimum de 15 ans aux entreprises essentielles pour le développement et la modernisation du pays. Sont concernées par cette mesure les catégories d'entreprises de production suivantes :

– industries minières ;
– industries de préparation mécanique de minerais ;
– industries de fabrication d'engrais ;
– industries de production d'énergie électrique ;
– industries d'exploitation d'installations portuaires[26].

Les entreprises ciblées doivent être soumises aux impôts, contributions, taxes et redevances en vigueur au Togo pendant la période d'application de ce régime dont la durée a été fixée à 15 ans au maximum y compris les délais d'installation. Il revient à l'ATT de fixer le point de départ du régime. Et cet acte doit faire mention de la liste des matériels et fournitures indispensables à l'entreprise, pour lesquels les droits d'entrée sont stabilisés.

A l'analyse, cette délibération est l'application au Togo des dispositions de l'article 32 de la loi de finances du 31 décembre 1953 relative à l'institution des régimes fiscaux dans les TOM. Toutefois, elle ne définit pas, de manière expresse, le régime fiscal particulier à appliquer aux entreprises agréées. De même, les exonérations fiscales diverses ne sont pas explicitées. Seule l'exonération douanière est accordée aux matériels et

[26] Article 1er de la délibération n° 45/ATT du 21 août 1956, JOTT 1956, pp. 203 & 204.

fournitures appartenant aux entreprises ainsi définies par une mesure ultérieure.

C'est l'objectif qui est assigné à la délibération n° 51/ATT/ du 29 août 1956. Celle-ci fixe la liste des matériels et fournitures destinés à une entreprise agréée, susceptible d'être admise exceptionnellement en exonération douanière durant une période limitée (5 ans renouvelables). Deux conditions sont nécessaires avant le bénéfice de cette exonération par toute entreprise. Tout importateur doit remettre, lors du dépôt, un triple exemplaire de sa déclaration en douane de mise à la consommation ou d'entrepôt fictif et une attestation d'emploi et de destination délivrée par le secrétaire général du gouvernement du Togo. Il doit également justifier que le matériel est bien destiné à telle entreprise agréée et qu'il entre dans le cadre de l'exonération douanière exceptionnelle prévue par la présente délibération.

La même décision concède, sur une large échelle, aux petites et moyennes entreprises un régime de l'admission temporaire en franchise des matériels, moyens de transport, machines, matières premières transformables au Togo, emballages, susceptibles d'être réexportés dans un certain délai[27].

Au demeurant, en tenant compte du caractère technique des délibérations, on peut, avec raison, s'interroger sur le vrai concepteur de ces décisions. Même si l'ATT dispose d'un pouvoir délibératif et non consultatif, on ne peut pas manquer d'être surpris par le fait que, dans les années 1950, les représentants locaux puissent maîtriser avec dextérité les rouages concernant les conditions d'investissements privés. Il ne fait aucun doute, ces décisions sont préparées par les représentants de la puissance tutrice et le rôle de l'Assemblée ne consiste qu'à y acquiescer. Ce qui confirme l'épithète dont les populations gratifient cette assemblée issue des législatives

---

[27] *Rapport annuel du gouvernement français à l'Assemblée générale de l'ONU sur l'administration du Togo placé sous la tutelle de la France*, année 1956, p. 100.

anticipées du 12 juin 1955, à savoir « assemblée mouton », en éwé *Alehâ*[28]. Mais ces critiques n'empêchent pas la puissance administrante de faire du Togo « une République autonome » au sein de l'Union française.

2.2. Le régime fiscal de longue durée

C'est suite à l'institution de la République autonome que ce régime est consacré par une loi adoptée par l'Assemblée législative. En effet, le territoire est doté d'un statut d'autonomie à la suite d'une réforme capitale intervenue au cours de 1956. Le décret du 24 août 1956, pris en application de la loi du 23 juin 1956, donne naissance à la République autonome du Togo[29].

Le gouvernement de la République autonome ayant en charge les finances et l'économie du territoire, il s'avère indispensable de prendre des mesures pour promouvoir le développement économique et social. Cela ne peut se faire sans l'apport de capitaux privés, métropolitains ou étrangers, auxquels il faut réserver un bon accueil. L'adoption de la loi n° 57-36 du 11 septembre 1957, par l'Assemblée législative, s'inscrit dans cette perspective. Cette loi concerne le régime

---

[28] De *Alè* qui signifie « mouton » et *hâ*, « groupe ou assemblée ».

[29] Présidé par le haut-commissaire ou par son suppléant légal, le conseil des ministres comprend le Premier ministre et les neuf ministres, membres du cabinet. Il s'agit de : Nicolas Grunitzky, premier ministre ; Mama Fousseni, ministre d'Etat chargé de l'intérieur, des services postaux et des télécommunications ; Georges Apédo-Amah, ministre des Finances ; Antoine Méatchi, ministre de l'Agriculture, de l'Elevage et des Eaux et forêts ; Lubin Christophe, ministre des Mines, des Travaux publics, des Transports, de l'Economie et du Plan ; Pierre Schneider, ministre du Commerce et de l'Industrie ; Jean-Richard Johnson, ministre de la Santé publique ; Léonard Ywassa, ministre du Travail, des Affaires sociales et de l'Education nationale ; Emmanuel Fiawoo, ministre de l'Information et de la Presse. Sur ces neuf ministres, trois font partie de l'Assemblée législative et deux sont métropolitains. En outre, dans la limite des crédits budgétaires, le conseil des ministres assure l'exécution des lois, organise les services de la République et définit la compétence et l'orientation générale de chacun d'eux. Cf. *Rapport annuel du gouvernement français à l'Assemblée générale de l'ONU sur l'administration du Togo placé sous la tutelle de la France*, année 1956, p. 42.

fiscal particulier des entreprises d'extraction ou de transformation des matières premières, de production d'énergie, de transports ou d'exploitation portuaire. Elle précise les conditions d'agrément, donne les garanties relatives au régime fiscal applicable auxdites entreprises et exonère des droits ou taxes d'entrée certains matériels et fournitures destinés à leur fonctionnement.

Ces entreprises doivent avoir leur siège au Togo et présenter une importance particulière pour le développement économique et social, l'équipement et l'industrialisation de la République autonome du Togo, en raison notamment du montant des investissements à réaliser et des incidences de leur fonctionnement. Ce régime fiscal particulier garantit, d'une part, aux entreprises agréées la stabilité du régime fiscal auquel elles doivent être soumises, en particulier l'entreprise bénéficiaire ne peut être frappée par aucun impôt, taxe ou contributions résultant d'un texte postérieur au décret d'agrément. D'autre part, les entreprises agréées bénéficient de l'exemption de la taxe forfaitaire représentative de la taxe de transaction et de l'exemption du droit fiscal d'entrée sur le matériel d'équipement industriel qui leur est nécessaire pour leur fonctionnement, ce matériel étant toutefois énuméré limitativement.

La durée du régime fiscal de longue durée est proportionnelle à l'envergure des investissements et fixée par un décret d'agrément qui précise le point de départ. Ainsi, cette durée est de 15 ans pour les entreprises dont les investissements sont compris entre 20 millions et 500 millions F CFA, de 20 ans pour celles dont les investissements se situent entre 500 millions et 1,5 milliard F CFA, et de 25 ans pour les investissements supérieurs à ce dernier montant.

Enfin, pour chaque entreprise agréée doit être conclue, avec le gouvernement togolais, une convention fixant les modalités de son établissement et de son fonctionnement, notamment en ce qui concerne la participation des capitaux publics ou privés togolais. Cependant, cette convention ne doit pas comporter de clauses engageant la responsabilité de la République autonome dans le cas où l'entreprise agréée serait en proie à des difficultés, surtout financières[30]. A travers cette dernière mesure, le Togo s'est prémuni contre tout engagement financier. Ce qui est un signe diacritique des limites de son autonomie et partant de la précarité de ses ressources budgétaires.

Par ailleurs, la notion de convention d'établissement est l'aboutissement d'une lutte menée par les milieux capitalistes français intéressés aux investissements outre-mer. Au demeurant, la signature d'une convention entre une entreprise et un territoire d'outre-mer permet à cette entreprise de se mouvoir dans un cadre juridique non modifiable par les mesures ultérieures (Moussa, 1957 : 161). Cette notion n'est pas, par conséquent, une originalité togolaise. C'est dire qu'une place de choix lui est réservée dans les différents codes édictés en Afrique noire française.

Quoi qu'il en soit, le régime fiscal particulier du Togo, première concrétisation des régimes fiscaux de longue durée prescrits par la loi de finances pour l'exercice 1954, a fait école et a servi de référence à d'autres territoires comme le Sénégal et la Côte d'Ivoire.

---

[30] Cf. *Chroniques d'outre-mer*, n° 32, mars 1958, p. 54.

L'impulsion aux investissements privés sur le territoire du Togo sous tutelle de la France est réalisée par l'entremise de l'Assemblée territoriale qui a pour compétence d'intervenir dans la prise de décision concernant les plans de développement. Les délibérations de cette Assemblée, du reste disparates, ont pour finalité d'octroyer des allègements fiscaux à toute entreprise privée, mais de préférence industrielle, désireuse de s'établir au Togo ou de procéder à des extensions.

Toutes ces dispositions, comme on peut le constater, sont prises avec une certaine précipitation. En une seule année, l'ATT a délibéré cinq fois sur le même dossier : la création de conditions favorables à l'implantation ou à l'extension des entreprises industrielles. Cependant, au moment où l'Assemblée légifère, les entreprises privilégiées et existant sur le territoire togolais ne sont pas à même d'étendre leur équipement ou de le moderniser. L'Union électrique coloniale (UNELCO), établie en 1937, ne fait aucun effort pour renforcer ses capacités de production. Il y a aussi la Compagnie du Bénin (CDB) et la SCIA qui ont installé respectivement une usine de féculerie à Ganavé (Aného) et une savonnerie-parfumerie à Bè (Lomé). Il est évident que celles-ci, après quelques années d'exploitation, d'ailleurs marquées par des difficultés, ne peuvent envisager une extension rapide de leurs équipements. Enfin, il existe une entreprise naissante, la Société minière du Bénin (SMB), qui s'intéresse à la mise en valeur économique des phosphates encore au stade d'études.

A y voir de près, ces dispositions sont destinées à hâter la décision de l'exploitation des phosphates. Elles n'ont pour finalité principale que de créer un cadre propice à la réalisation de ce projet. L'évolution de la situation politique du Togo permet de cristalliser cet objectif inavoué. Ainsi, avec l'institution de la République autonome, les dirigeants d'alors sont autorisés à prendre des initiatives concrètes en vue de réaliser l'évolution économique et sociale du territoire, qui ne peut se passer de l'apport des capitaux privés.

On comprend aisément que les délibérations de l'ATT soient unifiées et rendues plus explicites par la loi n° 57-36 du 11 septembre 1957. Celle-ci confère à toute entreprise agréée un régime fiscal particulier, dont la durée est déterminée en fonction de l'envergure des investissements. Aussi, l'entreprise est-elle soustraite aux impôts générés par des mesures ultérieures. Jusqu'à la proclamation de l'indépendance du Togo, le 27 avril 1960, une seule grande entreprise a été admise au bénéfice de ce régime : la SMB ou CTMB[31] dont les exportations de phosphates vont modifier la structure de l'économie togolaise qui, autrefois, était exclusivement agricole.

---

[31] Par la suite, d'autres sociétés privées bénéficient des avantages découlant du régime fiscal particulier des entreprises agréées, avant l'adoption du code d'investissement le 21 juillet 1965. Il s'agit de l'Initiative togolaise (exploitation des carrières de pierres) par décret n° 61-57 du 4 juillet 1961, de la Brasserie togolaise par décret n°61-98 du 03 octobre 1961, de l'Industrie textile du Togo (ITT) agréée par décret n° 62-49 du 16 mars 1962 et de la Société de surmoulage du pneu du Togo (achat et vente des produits en caoutchouc) par décret n° 62-156 du 04 décembre 1962. Cf. respectivement le JORT du 1er août 1961, pp. 488-489 ; du 16 novembre 1961, p. 709 ; du 30 mars 1962, p. 294 et du 16 décembre 1962, p. 831.

CHAPITRE II

L'ORGANISATION ADMINISTRATIVE ET FINANCIERE DE LA SMB/CTMB : DE LA CONQUETE DES PHOSPHATES A LEUR NATIONALISATION (1954-1974)

La réalisation parcimonieuse des plans de développement des TOM est l'œuvre concertée des capitaux publics et des investissements privés. Dans le territoire du Togo, les phosphates sont mis à jour au cours du second plan (1953-1957). Bien que leur existence soit signalée depuis 1927, il faut attendre 1952 pour que la mission du CPAN révèle leur importance, en explorant l'ensemble des formations sédimentaires de l'ouest africain français. Les travaux de prospection sont menés grâce aux crédits métropolitains. Suite à cette exploration, qui débouche sur l'intérêt industriel des phosphates, la SMB est créée, en 1954, en vue de la mise en valeur de cette substance minière. Cette société s'organise administrativement et met au point des techniques de financement afin d'atteindre son objectif.

1. De la création de la SMB

L'histoire de la SMB est intimement liée à celle du Comptoir des phosphates d'Afrique noire (CPAN). En effet, dès 1945, l'administration des mines se préoccupe de l'incidence, sur le marché, des différences de qualité des minerais de phosphate produits en Afrique du Nord, et des risques excessifs que cette situation pouvait entraîner, notamment au détriment des producteurs d'Algérie et de Tunisie, face au producteur marocain, dont le minerai est naturellement plus riche.

Pour porter remède à cette situation, les pouvoirs publics décident de la création, à Paris, du CPAN qui regroupe l'Office chérifien des phosphates, la Compagnie des phosphates de Constantine, la société de M'Dilla, la Société des phosphates tunisiens et la Compagnie des phosphates de Gafsa. Détenant le monopole des ventes de tous ces producteurs, cet organisme a en charge la péréquation des ventes (Houyvet, 2008 : 19).

Presque au même moment, un compte bloqué, alimenté par un prélèvement sur ces ventes, est établi, avec, pour objectif, la création d'un Centre de recherches des phosphates minéraux, situé à Aubervilliers. Ce centre est placé sous l'autorité du directeur général technique du CPAN, J. Bursaux, ingénieur du corps des mines. Les recherches ont été orientées vers les techniques d'enrichissement des minerais.

Appelé à la direction générale de la Société des phosphates tunisiens en 1951, J. Bursaux est remplacé par R. Saint-Guilhem, ancien directeur du Cerchar et également ingénieur du corps des mines. Celui-ci poursuit les recherches entamées par son prédécesseur, mais il propose, de plus, au Conseil d'administration du CPAN le lancement d'une campagne de prospection minière dans les territoires français de la côte tropicale africaine, afin de répondre aux préoccupations des producteurs, dont les gisements sont menacés d'épuisement. Cette proposition est acceptée par tous les membres du conseil, à l'exception de l'Office chérifien des phosphates. C'est alors qu'une première campagne est confiée, en juillet 1952, à L. Visse, géologue, assistant à la Sorbonne (Houyvet, 2008 : 19). Elle a pour objet l'exploration de toutes les franges sédimentaires de la côte occidentale d'Afrique (du Sénégal, Togo, Dahomey, Cameroun, Gabon, Moyen-Congo)[32].

Au cours de sa brève mission au Togo, après les géologues Koert (en 1904), Kouriatchy et Furon (en 1935 et en 1948) qui ont révélé la présence de calcaires phosphatés, celui-ci met en évidence les indices de minerais de phosphate pouvant présenter un intérêt industriel. Ces indices, avec ceux du Moyen-Congo, se trouvent être meilleurs que ceux qui ont été repérés dans les autres territoires concernés par la prospection[33].

A la suite de cette découverte, plusieurs groupes financiers s'organisent autour de cette affaire, outre le CPAN. Ce sont le Bureau minier de la France d'outre-mer, la Société des pyrites de Huelva et la Société des mines et produits chimiques formant le « Syndicat des phosphates du Togo », et la SMB. Finalement, la SMB réussit à damer le pion aux autres groupes aussi intéressés par l'entreprise de mise en valeur des phosphates.

1.1. Statut et objet de la SMB

La SMB est une société anonyme à capital et à personnes variables formée le 4 décembre 1954 pour finir le 4 décembre 2053. Elle investit sous le régime des sociétés édicté par les dispositions de la loi du 24 juillet 1867. En effet, son capital social est porté par les statuts constitutifs au-dessus de la somme de 10 millions de francs CFA et augmenté successivement par délibérations de l'assemblée générale. Aussi bénéficie-t-elle des avances en comptes courants consentis sans intérêts de la part d'autres sociétés[34].

---

[32] *Rapport annuel du gouvernement français à l'Assemblée générale des Nations Unies sur l'administration du Togo placé sous la tutelle de la France*, année 1954, p. 128 ; année 1955, p. 131 et année 1957, p. 128.

[33] ANT-Lomé, sous-série 5G, Dossier 19 : Notes relatives à la recherche et à la mise en valeur du sous-sol du Togo (1955-1957).

[34] Article unique de loi n° 48-1349 du 18 septembre 1948 modifiant l'article 40 de la loi du 24 juillet 1867, JOTT 1952, p. 561. L'article 43 de la loi du 24 juillet 1867 prévoit l'octroi des avances en comptes courants sans intérêts.

Elle a pour objet, au Togo, en France, dans les pays de l'Union française et éventuellement dans tout autre pays, toutes études minières particulièrement celles portant sur des gisements de phosphates, l'enrichissement et la vente de tous produits minéraux et en particulier des phosphates et, d'une façon générale, toutes opérations industrielles, commerciales, financières, mobilières et immobilières pouvant se rattacher, directement ou indirectement, à l'objet précité et tous objets similaires ou en faciliter l'extension et le développement[35]. Cette formulation de l'objet n'est que classique, puisque la SMB se consacre exclusivement, au Togo, à l'extraction, à l'enrichissement et à la vente des phosphates. Entre-temps, elle entreprend une autre aventure : la quête de titane dans la zone de Bafilo, sans succès[36].

Pour investir, toute société doit disposer de ressources dont la première en est son propre apport : le capital social.

1.2. Capital social, actionnaires et évolution

Suivant acte reçu par Me Gaétan Archinard, greffier notaire à Lomé, le 4 décembre 1954, le fondateur déclare, notamment, que les 10 000 actions de 5 000 francs CFA, composant le capital social de 50 millions de francs CFA, sont entièrement souscrites par huit personnes ou sociétés (tableau n° 2) et que la somme de 50 millions a été déposée au Crédit lyonnais à Lomé.

[35] Article 2 des statuts de la CTMB. Cf. aussi l'annonce légale publiée par l'étude de Maître Raymond Viale dans JOTT 1954, p. 1026.
[36] ANT-Lomé, 5G, dossier 19 : Notes relatives à la recherche et à la mise en valeur du sous-sol du Togo (1955-1957).

Tableau n° 2 : Premiers actionnaires de la SMB ayant souscrit au capital social le 1er décembre 1954

Sociétés ou personnes	Nombre d'actions détenues
Compagnie des phosphates de Constantine, Société anonyme au capital de 540 millions, siège social au Kanif (Algérie)	2495
Compagnie des phosphates et du chemin de fer de Gafsa, capital de 4 677 600 000 F. Siège social à Paris	2495
Pierrefitte Kalaa Djerda, Société générale d'engrais et de produits chimiques, basée à Kalaa Djerda (Tunisie), capital de 1 656 millions	2495
Compagnie minière du M'Zaïta au capital de 500 millions avec siège social à Paris	2495
Paul Gingembre, 118 rue de la Faisanderie à Paris	5
Gérard Dubois, 59 rue Jean Jaurès à Bois-Colombes (Seine)	5
Jacques J. Bursaux, 127 avenue Malakoff à Paris	5
Jean de Beaumont, 6 villa Molitor à Paris	5

Source : Registre de transferts et conversions des actions de la CTMB.

Les cinq actions détenues, à titre personnel, par les quatre personnes ont valeur de quitus d'administrateurs. Toutefois, cela ne les empêche pas d'acquérir des actions à leurs propres frais. Ainsi, Jean de Beaumont acquiert 108 actions, à l'augmentation du capital, le 1er mars 1955 (Labante, 2008 : 152).

Le capital social ainsi que les actionnaires de la société vont se modifier au fil du temps. Ainsi, du 1er décembre 1954 jusqu'au 5 avril 1973, le capital social est augmenté successivement, comme il apparaît dans le tableau qui suit.

Tableau n° 3 : Augmentations du capital social de la CTMB (en francs CFA)

Dates des augmentations	Montant du capital
1er décembre 1954	50 millions
1er mars 1955	100 millions
1er avril 1958	1 180 millions
10 décembre 1962	1 741 525 000
06 octobre 1964	2 150 035 000
30 novembre 1964	2 400 millions
21 mars 1966	2 938 950 000
05 avril 1973	3 621 720 000

Source : Registre de transferts et conversions des actions de la CTMB.

Ces augmentations de capital sont opérées à des fréquences irrégulières et d'ampleur différente. Elles sont motivées par les objectifs de l'entreprise à des moments donnés. Par exemple, du 1er mars 1955 au 1er avril 1958, la société a procédé à une augmentation remarquable de 1.080 millions de francs CFA, afin de pourvoir aux charges induites par l'exploitation. Il est vrai que ce capital est inférieur à celui de sa consœur, la Compagnie sénégalaise des phosphates de Taïba qui, presque dans la même période (20 mars 1958), décide de porter son capital de 746.500.000 à 1.750.000.000 de francs CFA[37]. Mais l'écart comblé par la CTMB est loin d'être négligeable.

En somme, la société a effectué l'accroissement de capital pour accroître ses capacités de production et améliorer sa productivité.

La composition des actionnaires change également. Certaines sociétés actionnaires cèdent leur part, surtout entre 1957-1958, l'affaire ne leur paraissant pas rentable. D'autres, en revanche, s'y intéressent en acquérant des actions, par souscription ou par cession.

Ainsi, aux premiers actionnaires s'associent les suivants, qui apparaissent dans le tableau n° 4.

---

[37] Cf. *Notes d'information et statistiques* (NIS)-BCEAO, n° 33, avril 1958, Nouvelles des entreprises, p.4.

Tableau n° 4 : Les actionnaires de la CTMB entre 1958 et 1972

Nouveaux actionnaires	Date et modalité d'entrée
Société algérienne de navigation « Charles Schiffiano et Cie » (Alger)	27 janvier 1958 par cession d'actions de la Compagnie des phosphates et chemins de fer de Gafsa
Compagnie financière pour l'outre-mer (COFIMER)	27 janvier 1958 par cession d'actions de la Compagnie des phosphates de Gafsa
Compagnie internationale d'armement maritime « COMINARMAR » (Casablanca)	7 février 1958 par cession d'une partie des actions de la Société algérienne de navigation
Robert Demenge	1er avril 1958 par souscription
République togolaise	1er avril 1958 par souscription
Société chérifienne financière, commerciale et agricole (Casablanca)	1er avril 1958 par souscription
Banque de Paris et des Pays-Bas (Paris)	13 octobre 1958 par cession d'actions de Pierrefitte
Société minière et métallurgique de Peñarroya (Paris)	16 mai 1959 par cession d'une partie des actions de la Compagnie minière du M'Zaïta
Bureau minier de la France d'outre-mer	7 juillet 1959 par cession d'une partie des actions de la République togolaise en échange de deux concessions[38]
Auxon	1er mars 1960 par cession d'une part des actions de la Banque de Paris et des Pays-Bas
Société méditerranéenne de combustibles (Paris)	10 décembre 1962 par souscription
Entreprise de remorquage, de sauvetage et d'aconage	10 décembre 1962 par souscription
Yves Delage	10 décembre 1962 par souscription
Société WR Grace et Co (New York)	10 décembre 1962 par souscription
Société Dewalco (Paris VIIIe)	10 décembre 1962 par souscription
Daren Aktiengesellchaft (Allemagne)	10 décembre 1962 par souscription
Grace Entreprises S. A. (Panama)	10 décembre 1962 par souscription

[38] Cette cession est autorisée par la loi n° 58-39 du 25 mars 1958. Cf. publication dans le JORT du 16 avril 1958.

Société des produits chimiques Péchiney St Gobain (Paris VIIIe)	16 juillet 1963 par cession d'une part des actions de Pierrefitte
Société manufacture de produits chimiques du Nord-Etablissement Khulmann (Paris)	26 juillet 1963 par cession d'une partie des actions de Pierrefitte
Caisse centrale de coopération économique (Paris VIIe)	21 mars 1966 par souscription[39] et 19 avril 1966 par acquisition d'une partie des actions de la COFIMER
Union des mines « La Hénin » (Paris VIIIe)	14 juin 1966 par cession d'une partie des actions de la Compagnie des phosphates de Constantine
Chéficomin S A (Luxembourg)	17 mars 1967 par acquisition d'une partie des actions de la Compagnie internationale d'armement maritime
Rhône-Profil (Paris XVIe)	5 mai 1972 par cession d'une partie des actions de la Société des produits chimiques Pechiney[40]
Compagnie financière de Suez (Paris VIIIe)	28 juin 1972 par cession d'actions de l'Union des mines « La Hénin »

Source : Registre de transferts et de conversions des actions de la CTMB.

[39] En fait, ces actions ont été cédées à la République togolaise le 22 avril 1966. Au nombre de 107 790, ces actions sont celles que la CTMB a promises au Togo pour lui permettre d'accroître sa participation dans le capital de la société. Ne pouvant pas réaliser cette opération, le Togo recourt à un emprunt obligataire de la Caisse centrale de coopération économique (CCCE), émis à son profit (Labante, 2002 : 34).

[40] Ces titres sont affectés à cette société à titre de gage et de nantissement avec délégation du produit de remboursement ou de vente éventuelle. En fin de compte, ils reviennent à Rhône-Profil le 17 janvier 1973.

Cette liste des actionnaires contraste avec la répartition du capital de cette compagnie, telle que J. Suret-Canale (1987 : 302-303) l'a proposée :

	1964	1971
BRGM	0,1 %	0,01 %
Groupe de Paribas (Banque Paris et des Pays-Bas)		
COFIMER	13,7 %	11,17 %
Groupe Suez		
COMIPHOS (Ex Compagnie des phosphates de Constantine)	20 %	16,36 %
Pechiney	12,8 %	10,5 %
Etat togolais	1,9 %	19,9 %
WR-GRACE	45,7 %	37,34 %

Cette répartition du capital de l'entreprise présente certaines lacunes. En effet, elle n'a pas tenu compte des transferts ou cessions d'actions qui se sont opérés entre sociétés déjà actionnaires ou entre ces sociétés et de nouveaux actionnaires à des moments précis. Donc, pour cela, il convenait de préciser les dates auxquelles ces pourcentages ont été calculés, car au cours de l'année 1964 il y a eu beaucoup de transferts d'actions ; ce qui rend difficile la détermination des proportions. Aussi, certaines sociétés ou personnes actionnaires (surtout les autres sociétés fondatrices) ne figurent-elles pas dans cette composition du capital. Ce qui prouve que les pourcentages donnés sont sujets à caution. Du reste, cela met en lumière les insuffisances des travaux généraux.

Il y a donc lieu de relever qu'il n'est pas aisé de calculer les parts des actionnaires. Cette difficulté s'explique, en grande partie, par les fluctuations du capital. Il y a aussi le fait que parfois une société ou une personne peut céder une partie de ses actions à une autre. Retenons tout simplement qu'au cours de l'assemblée générale du 29 juin 1962, les deux plus forts actionnaires remplissant les fonctions de scrutateurs sont la Société minière et métallurgique de Peñarroya et la

COFIMER[41]. Néanmoins, avec une marge d'erreur acceptable, on peut tenir compte de cette répartition du capital social de la CTMB en 1966 : Etat togolais (19,9 %), groupe français (42,76 %) et un groupe américain (37,34 %).

Parmi ces sociétés actionnaires, il y en a qui cautionnent la compagnie lorsque celle-ci sollicite des crédits et prêts auprès des banques ou organismes financiers. Les engagements de ces sociétés cautions sont exprimés en pourcentages et fixés comme suit lors du Conseil d'administration du 8 octobre 1958.

- Compagnie des phosphates de Constantine 48, 85 %
- COFIMER 19, 5 %
- Compagnie minière du M'Zaïta 17, 95 %
- Compagnie internationale d'armement maritime 8,09 %
- Société Pierrefitte 4,85 %
- Banque de Paris et des Pays-Bas 1,85 %[42].

D'un autre côté, certains actionnaires de la CTMB ont pris des participations dans d'autres affaires industrielles en Afrique noire. C'est le cas du BGRM (dénomination du BMFOM après les indépendances) dans les Mines de fer de Mauritanie (MIFERMA), dans la Société minière de Mauritanie (SOMIMA), dans la Compagnie sénégalaise des phosphates de Taïba (CSPT), dans la Compagnie minière de l'Ogoué (COMILOG). Dans toutes ces affaires, la COFIMER est également actionnaire, de même que la Banque de Paris et des Pays-Bas (Suret-Canale, 1987 : 294-300). Les capitalistes français ont donc profité de l'opportunité qui leur est offerte pour avoir de l'emprise sur les ressources minérales de l'Afrique noire.

Au demeurant, toutes ces mesures financières, indispensables au fonctionnement de la société, sont du ressort de ses instances dirigeantes.

---

[41] Archives non classées de la CTMB, procès-verbal de l'Assemblée générale du 29 juin 1962.

[42] Archives non classées de la CTMB, procès-verbal du conseil d'administration du 8 octobre 1958.

2. La structure de la société

A l'instar de toute société anonyme, la SMB ou CTMB est régie par deux organes aux fonctions et aux attributions contenues dans ses statuts constitutifs : l'assemblée générale et le conseil d'administration.

2.1. L'assemblée générale

Elle regroupe tous les actionnaires de la société depuis sa constitution jusqu'à sa nationalisation. La première assemblée générale, dite constitutive, a lieu le 14 décembre 1954 à Lomé. Elle nomme comme premiers administrateurs les quatre personnes et quatre sociétés qui ont souscrit au capital social, le 1er décembre 1954. Elle se réunit au siège social à Lomé ou dans les bureaux administratifs à Paris, sis au 12, avenue Marceau. Le siège social est transféré à Kpémé à l'issue de l'assemblée générale du 29 juin 1962.

Les statuts de la CTMB prévoient deux sortes d'assemblée générale : l'assemblée générale ordinaire et l'assemblée générale extraordinaire. Trop souvent, elles se tiennent dans les bureaux de Paris. Ce qui fait que lors de certaines assemblées inopinées, le représentant attitré du Togo ne peut les honorer de sa présence. Ainsi, lors de l'assemblée générale du 29 juin 1962, pouvoir est donné à l'ambassadeur du Togo en France, Joachim Hunlédé, d'y assister[43].

Sont qualifiées d'ordinaires les Assemblées générales se rapportant à la gestion, à l'administration de la société, à l'application ou à l'interprétation des statuts[44]. En ce sens, l'Assemblée ordinaire, à laquelle Joachim Hunlédé représente le Togo, entend le rapport du conseil d'administration et des commissaires aux comptes, approuve les comptes du bilan arrêtés au 31 décembre 1961 et nomme des administrateurs.

---

[43] Archives non classées de la CTMB, lettre de J. Houyvet, chef des services financiers et administratifs, invitant J. Hunlédé à l'Assemblée générale extraordinaire du 29 juin 1962.

[44] Archives non classées de la CTMB, article 23 des statuts de la CTMB.

Les assemblées délibérant sur des modifications à apporter aux statuts sont qualifiées d'extraordinaires[45]. Ainsi, l'assemblée générale extraordinaire du 28 octobre 1958 autorise le conseil d'administration à procéder à une ou plusieurs augmentations de capital, décide des modifications corrélatives de statuts et statue sur les pouvoirs à donner au conseil[46].

En somme, l'assemblée générale est l'organe suprême et de décisions. Celles-ci sont exécutées par le conseil d'administration.

2.2. Le conseil d'administration

Ce conseil est chargé de veiller au fonctionnement et à la bonne gestion de la société. Il est composé de quatre membres au moins et de douze au plus, pris parmi les actionnaires et nommés par l'assemblée générale pour une durée de six ans. Les personnes morales peuvent être nommées administrateurs[47].

Les premiers administrateurs désignés par l'assemblée générale constitutive forment leur bureau pour une durée égale à celle de leurs fonctions. La composition de ce bureau n'est donc pas figée.

Le conseil d'administration est investi de tous pouvoirs étendus pour agir au nom de la société et pour faire ou autoriser tous les actes et opérations relatifs à son objet. Il peut déléguer tous ses pouvoirs à un ou plusieurs de ses membres et d'une façon permanente pour l'administration courante de la société. L'administrateur ainsi choisi prend le titre d'administrateur délégué. Les émoluments et allocations proportionnelles pouvant lui être attribués sur les bénéfices sont fixés par le conseil[48]. C'est donc une véritable cheville ouvrière au sein du conseil. De la création de la compagnie jusqu'en 1974, une

[45] Archives non classées de la CTMB, article 23 des statuts de la CTMB.
[46] Archives non classées de la CTMB, procès-verbal de l'Assemblée générale du 28 octobre 1958.
[47] Archives non classées de la CTMB, article 14 des statuts.
[48] Archives non classées de la CTMB, articles 19 et 20 des statuts de la CTMB.

seule personne occupe ce poste. Elle se nomme Max Robert, représentant de la Compagnie des phosphates de Constantine. Grâce à cette position privilégiée, celui-ci est de loin le plus connu (et tristement !) de ses administrateurs. Ses talents de diplomate et de chevronné en matière de gestion des entreprises de phosphates auraient milité en sa faveur. Il a été également, pour un temps, président du conseil d'administration de la Compagnie sénégalaise des phosphates de Taïba, tandis que Claude Gabriel, directeur de l'exploitation de la CTMB, en est l'administrateur délégué (Lasserre, 2008 : 18).

A titre indicatif, voici la composition de ce conseil en 1962.

Président : Paul Gingembre

1er vice-président : La République togolaise

2e vice-président : Jean de Beaumont

Administrateur délégué : Max Robert

Administrateurs :

Robert Demenge, représentant de la Compagnie « Charles Schiffiano »

Charles Roger-Machart et de Fouchier, représentants de la COFIMER

Cantacuzene, représentant de la Société minière et métallurgique de Peñarroya

Yver de la Bruchollerie, représentant du Togo

La Compagnie internationale d'armement maritime (industrielle et commerciale).

Les membres du Conseil d'administration, à partir du 1er janvier 1958, se voient attribuer une somme de 60 000 francs CFA à titre de jetons de présence[49].

Deux commissaires aux comptes, nommés par l'assemblée constitutive, s'occupent du contrôle de la gestion des administrateurs. Leur rémunération, pour les exercices 1957 et

---

[49] Archives non classées de la CTMB, procès-verbal du conseil d'administration du 8 octobre 1958.

1958, est fixée à 15 000 francs CFA chacun[50]. Ces commissaires aux comptes sont :

Jean Boyer, 34 rue de la Pompe à Paris ;

Jacques Hibon, rue Obœuf à Meudon (Seine-et-Oise)[51].

Un directeur général est chargé d'exécuter les décisions du conseil. Cette fonction est d'abord confiée à M. Robert, directeur général adjoint de la Compagnie des phosphates de Constantine. Après lui, la direction de la compagnie revient à René Saint-Guilhem. Il réside à Paris, mais effectue des voyages au Togo pour s'assurer de la bonne marche de l'entreprise et pour régler certains problèmes. Dans les bureaux de Paris, ses collaborateurs sont J. Houyvet, chef des services administratifs et financiers, et Chapalain puis Millet qui occupent successivement le poste de chef de mission, c'est-à-dire le trait d'union entre le siège social et les locaux de l'avenue Marceau.

A Kpémé, il y a la direction de l'exploitation qui a été confiée, dès 1957, à Claude Gabriel, ingénieur des Ponts et Chaussées d'outre-mer, ancien directeur des travaux publics du Gabon, puis directeur de cabinet du ministre des Travaux publics de Guinée. Fort de ses connaissances techniques, théoriques et pratiques et de son expérience africaine, il met en place, puis en fonctionnement, les équipements nécessaires pour la découverture du gisement à ciel ouvert situé à Hahotoé, le transport ferroviaire du minerai brut du gisement au centre industriel de Kpémé, la construction d'une centrale électrique, d'une usine d'enrichissement, d'un vaste atelier d'entretien, d'une aire de stockage du minerai marchand, d'une installation de chargement par convoyeur à bande (Houyvet, 2008 : 19). Lui succèdent Maurice Gingembre et Vincent Berger.

A compter de l'année 1958, la République du Togo désigne des représentants au sein de ce conseil, puisque deux mandats

---

[50] Archives non classées de la CTMB, procès-verbal du conseil d'administration du 8 octobre 1958.

[51] JOTT du 1er janvier 1958, publication de l'Assemblée générale extraordinaire de la CTMB du 14 octobre 1957, pp. 28-32.

d'administrateurs lui sont réservés. Ceux-ci sont choisis en raison de certaines compétences qui concernent soit la gestion financière, soit les connaissances dans le domaine des mines. Tout au plus, ils ont pour mission essentielle de défendre les intérêts de l'Etat et de rendre compte au gouvernement du fonctionnement de la société. Par ordre de passage, les administrateurs nommés par la République togolaise sont :

1. Yver de la Brucholleri e, conseiller financier et économique du gouvernement. Il est aussi représentant du Togo au sein du conseil d'administration de la Banque centrale des Etats de l'Afrique de l'Ouest (BCEAO). Il exerce cette fonction de 1958 à 1962.

2. Benoît Bédou, économiste de formation au ministère des Finances. En 1967, il devient ministre de l'Economie et des Finances dans le premier gouvernement Eyadéma. Etant même ministre, il se rend à Paris pour assister à une réunion du conseil. C'est de 1962 à 1967 qu'il occupe ce poste.

3. Emmanuel Bob-Akitani, de 1967 à 1972. Il est directeur du service des mines et de la géologie.

4. Augustin Otto Gartner qui prend fonction en 1972. Il est également directeur du service des mines et de la géologie.

Les réunions de l'assemblée générale et du conseil d'administration, il est vrai, déterminent et facilitent les activités de l'entreprise. Mais quand et comment la SMB ou CTMB démarre-t-elle effectivement ses travaux sur le territoire du Togo ?

3. Le baptême du feu de la SMB

La société ainsi créée ne commence pas directement à réaliser des investissements, sans avoir reçu les droits du CPAN.

3.1. La cession des droits du CPAN à la SMB, un acte formel

A la suite du repérage des indices de phosphates en juillet 1952, les autorisations personnelles minières, en date du 13 septembre 1952, sont accordées au CPAN et à R. Clément Cuzin, représentant du Bureau minier de la France d'outre-mer, membre du Syndicat des phosphates du Togo[52]. Quatre jours après, R. Clément Cuzin fait une demande en vue d'obtenir le droit exclusif de recherche de phosphates dans la région d'Akoumapé et d'Animabio. Il n'est pas superflu de rappeler ici l'historique et le rôle joué par le BMFOM dans les opérations minières outre-mer. En effet, au lendemain de la Seconde Guerre mondiale, tandis que les entreprises privées métropolitaines sont préoccupées à reprendre pied, le gouvernement décide de constituer des structures publiques d'appui à la mise en œuvre des ressources minières des territoires sous domination française. L'effort a été concentré sur le renforcement des directions des mines et de la géologie, implantées à Dakar, à Brazzaville, à Tananarive et à Hanoï, et sur la création des bureaux miniers devant intervenir en aval, en collectant les indices, en réalisant des reconnaissances de gisements (dont certains ont été repérés depuis longtemps), puis participant, en coopération avec d'autres sociétés ou organismes financiers et industriels, à leur mise en exploitation. C'est dans ces conditions qu'a été créé, en 1948, le Bureau minier de la France d'outre-mer avec le statut de société d'Etat. Son secteur de compétence était l'Afrique au sud du Sahara, Madagascar, la Nouvelle-Calédonie. De sa création aux années 1980, ce bureau a constitué un outil majeur de la politique minière française outre-mer (Bourrelier & Lespine 2008 : 7).

Pour revenir au CPAN, il convient de signaler qu'il a demandé la prorogation de son titre minier, qui aboutit à l'octroi

[52] Cf. publication de ces autorisations dans le JOTT 1952, p.772. Pour plus de détails sur la notion de l'autorisation personnelle minière, voir le chapitre 3e, titre 1, sous-titre 1.1.

d'un permis de recherche le 14 décembre 1954. Ce retard sur le terrain ne l'empêche pas de damer le pion à son concurrent. Ainsi, le CPAN réussit à pousser les prospections qui débouchent sur les possibilités d'exploitation, déjà en 1954. Cette avance du CPAN sur le Bureau minier de la France d'outre-mer est due aux moyens techniques et humains. En effet, son personnel est composé de 19 Européens et de 120 Africains contre 2 Européens et 40 Africains pour son rival[53].

Au cours de l'année 1954 est formée la SMB, un autre prétendant à la mise en valeur des phosphates. Le 20 décembre 1954, la nouvelle société sollicite une autorisation personnelle minière. Celle-ci lui est accordée le 21 janvier 1955[54]. Selon les termes de l'arrêté lui accordant ce titre, la SMB peut, soit directement, soit par mutation, obtenir des titres miniers pour la recherche des phosphates.

Le chemin court est privilégié. C'est ainsi que la SMB obtient les droits du CPAN. Cette cession de droits est consommée par une déclaration conjointe signée, le 24 janvier 1955, entre les deux partenaires. Aux termes de cette déclaration, les permis de recherche accordés au CPAN sont mutés à la SMB, à compter du 16 février 1955[55]. Ce transfert est accepté par lettre n° 82 /mines en date du 17 février 1955 du service des mines du Togo. A la faveur de cet acte, 75 carrés de recherche, situés dans les cercles d'Aného et de Lomé, sont définitivement attribués à la SMB.

Cette cession des droits du CPAN à la SMB n'est que formelle dans la mesure où ce sont les sociétés constitutives de cet organisme qui ont fondé la SMB. C'est une manière déguisée pour insinuer qu'il n'a pas organisé la prospection des phosphates du Togo à son profit. De plus, le CPAN continue à prêter main-forte à la SMB, concours qui contribue à son

---

[53] *Rapport du gouvernement français à l'Assemblée générale des Nations Unies sur l'administration du Togo sous la tutelle de la France*, année 1957, p. 130.

[54] Cf. publication dans le JOTT 1955, pp. 155-156.

[55] Déclaration publiée dans le JOTT 1955, p. 162.

succès. En effet, doyen dans le domaine des phosphates, il fait bénéficier son partenaire de ses expériences en la matière.

Après trois ans d'existence, la SMB change de dénomination.

3.2. De la SMB à la CTMB

Lors de sa constitution en 1954, le territoire du Togo, encore sous tutelle de la France, n'est pas actionnaire de la SMB. Son capital est exclusivement entre les mains d'intérêts privés. Mais à la suite de la convention intervenue, le 12 septembre 1957, entre la SMB et le gouvernement de la République autonome, le Togo se voit attribuer une participation fixée à 20 % du capital. Etant désormais possesseur d'une partie du patrimoine de l'entreprise, le gouvernement du Togo souhaite que la société change de dénomination pour devenir la « Compagnie togolaise des mines du Bénin ».

Ce vœu exprimé par le Togo est entériné par approbation de l'assemblée extraordinaire du 14 octobre 1957. Cette assemblée, du reste, apporte certaines modifications aux statuts de l'entreprise afin de les mettre en harmonie avec la convention de longue durée. Ce changement de raison sociale vise à prouver que la société exerce ses activités sur le territoire de la République autonome du Togo. C'est, en quelque sorte, une manifestation de la légitimité du statut de l'autonomie, de son intégrité territoriale qui ne doit pas se confondre avec le nom d'un golfe. Cette transformation de la SMB en CTMB permet également de conformer la raison sociale de l'entreprise au modèle de ses consœurs, telles que la Compagnie sénégalaise des phosphates de Taïba, les Bauxites de Guinée, la Compagnie minière de l'Ogoué , avec précision du toponyme où la société exerce ses activités.

Toutefois, sous la dénomination de la SMB, la société effectue le démarrage de ses activités, qui vont bon train.

Avec un capital modeste de 50 millions de francs CFA, la SMB réalise des augmentations nécessaires afin de répondre aux besoins induits par l'exploitation des phosphates. Constituée initialement par les intérêts privés français, cette société accueille, par la suite, les participations de l'Etat togolais et des capitaux étrangers. Une organisation administrative bien huilée permet également à l'entreprise de prendre des décisions fondamentales pour le démarrage de la mise en valeur des phosphates du Togo. Dauphin indiscutable du CPAN, la SMB devient concessionnaire du gisement de phosphates au détriment de son concurrent, le Syndicat des Phosphates du Togo. Agréant le vœu de la République autonome, les dirigeants de cette société changent sa dénomination qui devient CTMB. Mais cette mutation n'a aucune incidence sur le bon déroulement des travaux de l'entreprise.

CONCLUSION DE LA PREMIERE PARTIE

L'application au Togo de la loi du 31 décembre 1953, relative à l'institution des régimes fiscaux dans les TOM, entraîne l'élaboration du régime fiscal particulier des entreprises agréées. Premier du genre en Afrique noire francophone, ce régime est concédé à toute entreprise dont les investissements sont jugés importants pour la modernisation du Togo.

Comparé à celui de la Côte d'Ivoire, troisième territoire à concevoir une réglementation en faveur des entreprises privées, le régime du Togo se distingue par le fait que sa durée est fixée sur la base des investissements et qu'il a prévu des dispositions en cas de changements qui interviendraient plus tard. Cette loi, qui accouche du régime spécial, constitue l'une des plus importantes décisions adoptées par les dirigeants de la République autonome, en vue d'amorcer le développement économique du Togo.

Certaines mesures de l'Assemblée territoriale prédisposent à la conception de cette loi. Elles sont possibles grâce à l'élargissement des pouvoirs de cette Assemblée et à l'institution d'un conseil de gouvernement bien avant la loi-cadre du 23 juin 1956, qui a prescrit la création de ces conseils dans les TOM.

Evidemment, ces dispositions ne sont pas prises fortuitement. En effet, avec la découverte d'indices intéressants de phosphates, il est indispensable de mettre en place un cadre alléchant pour les investisseurs qui s'intéressent à cette affaire.

En 1955, dès les premiers résultats des prospections et études, le chef du service des mines pousse le gouvernement à agir en ce sens. Il conclut ainsi l'une de ses notes :

> « Etant donné d'une part l'intérêt qu'il y a pour le Togo de voir mettre en valeur le potentiel latent de son sous-sol et d'autre part les conditions sévères du marché international des Phosphates où le Togo devra entrer en concurrence avec des Mines puissantes déjà installées, amorties et placées plus favorablement sur l'échiquier géographique (Floride et Afrique du Nord) où un circuit régulier de fret est déjà établi, il est nécessaire de favoriser l'implantation de cette industrie et d'assurer son assise en lui accordant :
>
> - un régime d'exonération douanière pour le matériel
> - un amortissement rapide
> - un régime fiscal progressif garanti sur 15 ans.
>
> Le Dynamisme des groupes intéressés à cette mise en valeur et leurs compétences internationales incontestables sur le plan technique et commercial pourront ainsi se traduire par un effort de construction particulièrement efficace pour la promotion et le développement social et économique du Togo au sein de l'UNION FRANCAISE./-»[56].

Cette volonté reçoit un écho favorable au travers de l'adoption du régime fiscal particulier des entreprises agréées.

Par ailleurs, la SMB, qui se lance dans l'aventure des phosphates du Togo dès 1955, est consciente que le démarrage de l'exploitation de cette ressource exige des capitaux très importants, qui excèdent ses propres capacités financières. Pour ce faire, elle ouvre les bras à plusieurs détenteurs de capitaux et se dote d'instances décisionnelles avisées. Grâce à cette organisation performante, la SMB ou CTMB entreprend et conforte la mise en valeur du gisement de phosphates du Togo.

[56] Cf. ANT-Lomé, 5G, dossier 19 : Notes relatives à la recherche et à la mise en valeur du sous-sol du Togo (1955-1957), surtout la note sur les perspectives minières du Togo français, datée du 8 août 1955.

DEUXIEME PARTIE

LA SMB/CTMB ET LES PERSPECTIVES DE MISE EN VALEUR DES PHOSPHATES (1954-1961)

INTRODUCTION DE LA DEUXIEME PARTIE

Les activités de la SMB, qui prend la relève du CPAN, consistent d'abord en la poursuite des travaux de prospection afin d'aboutir à une reconnaissance détaillée du gisement. Pour ce faire, elle sollicite des titres miniers dans les formes prescrites par la réglementation minière en vigueur au Togo.

Après s'être assurée de l'étendue et de la qualité du gisement, la société s'attèle ensuite aux études générales de la mise en valeur. En 1957, l'ensemble de ces études étant assez avancé, elle prend des décisions en accord avec le gouvernement. De même, les autorités togolaises agréent l'entreprise au bénéfice du régime fiscal particulier. Cet agrément a pour conséquence la signature de la convention du 12 septembre. Auparavant, une loi, outre celle relative au régime spécial, fait bénéficier la SMB de considérables exonérations fiscales et douanières. Dès lors, la société négocie des financements pour réaliser les équipements indispensables à l'exploitation des phosphates.

Sur le plan politique, les élections du 27 avril 1958 provoquent le départ du premier gouvernement de la République autonome, avec lequel la décision d'exploiter les phosphates prend forme. Il est intéressant de noter que les activités de la CTMB continuent comme si de rien n'était. Le gouvernement Olympio parachève l'œuvre de celui de Grunitzky. Cette continuité dans l'alternance dénote le degré d'intérêt que portent ces deux administrations à la mise en valeur des phosphates.

En tout état de cause, dans quelles conditions la SMB ou CTMB a-t-elle mené ses prospections et quels en sont les résultats ? Comment s'y est-elle prise pour recouvrer les fonds indispensables à l'achat du matériel nécessaire à l'exploitation, au transport, à l'enrichissement, à l'embarquement et à la production d'énergie ? Telles sont les interrogations auxquelles cette partie tente de répondre.

CHAPITRE III

LA CONQUETE DE « L'OR JAUNE »[57] (1954-1961)

La SMB poursuit les travaux de prospection grâce à l'attribution d'autorisations personnelles minières et de permis de recherche. Dès 1956, elle installe une laverie-pilote à Vokoutimé (dans l'actuelle préfecture de Vo) pour y approfondir la question de l'enrichissement du phosphate brut. Les résultats des prospections et des études ayant conclu à l'existence d'un gisement étendu et de bonne qualité, elle ne tarde pas à solliciter des concessions. Du reste, le gouvernement togolais s'efforce de contrôler les activités de prospection de la société par le biais de deux commissions. Aussi, les obligations de la SMB envers l'Etat font-elles l'objet de plusieurs décrets.

1. La réglementation minière sur le territoire du Togo

La connaissance de cette réglementation, inspirée de la législation minière française, est importante pour la compréhension des travaux de la SMB/CTMB. Elle est constituée par une série de décrets qui définissent le processus d'acquisition des titres miniers, les conditions d'exécution des

---

[57] Terme que nous avons adopté pour désigner les phosphates, par rapport à « l'or noir ». En réalité, c'est pour traduire l'importance de ce minerai, en comparaison de celle du pétrole pour les Etats qui en sont dotés.

travaux, les obligations des sociétés ou personnes prospectrices à l'égard de l'Etat ainsi que des propriétaires de terrains, du fait de l'exploitation. Ces décrets datent de la période de mandat. L'intérêt suscité par la découverte des phosphates et la possibilité de leur mise en exploitation entraînent la modification de certaines de leurs dispositions, notamment celles relatives aux droits fixes et aux redevances.

1.1. Les décrets du 27 février et du 22 juillet 1924

Le premier décret est modifié par le second, mais ils portent tous deux sur le régime des autorisations personnelles minières sur le territoire du Togo. Ainsi, aucune personne physique ou morale ne peut procéder à des opérations de prospection sans avoir eu, au préalable, une autorisation personnelle minière[58]. Elle est délivrée par le chef de territoire (le commissaire de la République) aux sociétés ou personnes ressortissant d'un Etat membre de la SDN et, plus tard, de l'ONU. Les demandes d'autorisation personnelle minière sont soumises au paiement préalable d'un droit fixe de 100 francs. Ce droit est porté à 5 000 francs CFA, à partir du 16 avril 1953, par délibération de l'Assemblée territoriale[59]. Ce titre minier est nécessaire pour l'obtention des autres.

1.2. Le décret du 26 octobre 1927 et ses textes modificatifs

Ce décret réglemente les conditions de recherche et d'exploitation des gîtes de substances minérales classées en mines ou substances concessibles et en carrières. Les substances concessibles, quant à elles, sont rangées en trois catégories :

---

[58] Article 14 du décret du 26 octobre 1927 réglementant la recherche et l'exploitation des gîtes de substances minérales au Togo, JOTT 1927, p. 672. Cet article reprend les dispositions des décrets concernant les autorisations personnelles minières.

[59] Article premier de la délibération n° 11/ATT du 16 avril 1953, JOTT 1953, pp. 421- 422.

- 1re catégorie : métaux précieux et pierres précieuses ;
- 2e catégorie : hydrocarbures liquides ou gazeux, bitumes, asphaltes et schistes bitumineux ;
- 3e catégorie : les autres substances minérales dont les phosphates[60].

Le même décret distingue le permis de recherche de la concession minière et prévoit les conditions d'obtention de ces titres. Pour les acquérir, il faut, comme il a déjà été souligné, être titulaire d'une autorisation personnelle minière.

Par ailleurs, le décret du 28 juillet 1938, portant modification du régime minier de certaines colonies, autorise certains territoires, dont le Togo, à se réserver provisoirement le droit de recherche de mines pour toutes substances minérales ou certaines substances minérales d'une catégorie déterminée. C'est en vertu de cette disposition que le Togo se réserve, provisoirement, par arrêté local du 23 mars 1953, des substances minérales de la 1re et de la 3e catégorie dont les phosphates. Avec cette mesure, certaines zones recelant ces ressources sont désormais appelées « zones réservées » (Labante, 2002 : 46). L'octroi des permis de recherche, dans ces régions, se fait par décrets, après avis de l'Assemblée territoriale.

1.2.1. Les permis de recherche

Le permis de recherche confère à son titulaire le droit exclusif de faire des prospections et des recherches de la substance pour laquelle il est délivré, dans un carré dont les côtés ont 3 km de long. C'est un droit mobilier, indivisible, cessible et transmissible, mais non susceptible d'hypothèque. Ainsi, aux déclarations de mutations, de transmissions ou de transferts, doivent être annexées les pièces constatant la

[60] Article 6 du décret du 26 octobre 1927 réglementant la recherche et l'exploitation des gîtes de substances minérales, JOTT 1927, pp. 671-672.

délivrance par l'autorité compétente (service des mines)[61]. C'est dans ces conditions qu'est effectué le transfert des permis de recherche détenus par le CPAN à la SMB.

Toute demande de permis de recherche doit, nécessairement, mentionner :

1. Les noms, prénoms, qualités, nationalité, domicile ordinaire et élu dans le territoire du requérant ainsi que de son représentant dans le territoire. S'il s'agit d'une société, la requête doit comporter sa dénomination, son siège social, la composition de son conseil d'administration ou de surveillance, de sa gérance et de sa direction, ainsi que les noms et prénoms, nationalité et domicile dans le territoire de son représentant.

2. La date à laquelle est signalé le périmètre sur le terrain et les inscriptions portées sur le poteau signal.

3. La situation du périmètre demandé.

4. La désignation de la catégorie pour laquelle le périmètre est demandé[62].

A cette demande sont jointes certaines pièces, notamment le plan de surface en double exemplaire et le récépissé du versement de la redevance fixe dont le montant est de 100 francs avant le 16 avril 1953.

Le permis de recherche est valable pour trois ans, à compter du jour de sa délivrance. Toutefois, il peut être renouvelé deux fois au plus, pour une période de deux ans chaque fois[63]. L'attribution d'un permis de recherche et de son renouvellement est subordonnée au versement des droits fixes établis comme suit en 1953 :

- délivrance d'un permis de recherche : 5 000 francs CFA contre 100 francs précédemment
- premier renouvellement : 10 000 francs CFA contre 200 francs auparavant

[61] Articles 19, 10 et 11 du décret du 26 octobre 1927, JOTT 1927, pp. 672-673.

[62] Article 23 du décret du 26 octobre 1927, JOTT 1927, pp. 673-674.

[63] Articles 27 et 28 du décret du 26 octobre 1927, p. 674.

- deuxième renouvellement : 15 000 F CFA contre antérieurement 300 francs
- mutation d'un permis de recherche : 5 000 F CFA[64].

Enfin, les titulaires de permis de recherche doivent exercer les travaux de prospection pour prouver l'existence d'un gisement. L'expiration de la validité de ce titre minier, sans prorogation et sans sa transformation en concession, entraîne du coup son annulation. Celle-ci est insérée dans le Journal officiel du Togo. Il en est de même pour la demande et la délivrance du permis de recherche.

1.2.2. Les concessions minières

Les concessions minières sont attribuées aux détenteurs de permis de recherche qui, par leurs travaux, ont mis en évidence l'existence d'un gisement. Par rapport au permis de recherche, la concession minière est un droit immobilier de durée limitée distinct de la propriété du sol, cessible et transmissible, susceptible d'hypothèque[65].

Le périmètre d'une concession doit avoir une forme rectangulaire, dont les côtés sont orientés nord-sud et est-ouest vrais, le petit côté n'étant pas inférieur au quart du grand. L'étendue de la concession demandée ne doit pas être supérieure à 900 hectares. Celle-ci doit être entièrement contenue dans le périmètre du permis de recherche dont elle dérive. De plus, le périmètre de la concession doit être effectivement borné sur le terrain[66].

La demande de concession[67] obéit aux mêmes conditions que celle de permis de recherche. Mais cette requête doit être remise au service des mines 30 jours au moins, avant l'expiration du permis dont elle est issue. Une instruction est

---

[64] Cf. article premier de la délibération n° 11/ATT du 16 avril 1953, JOTT 1953, pp. 421- 422.

[65] Article 10 du décret du 26 octobre 1927, JOTT 1927, p. 672.

[66] Article 37 du décret du 26 octobre 1927, JOTT 1927, p. 675.

[67] Cf. un exemplaire de cette demande à l'annexe n°2.

nécessaire avant l'institution de toute concession. Cette enquête doit durer trois (3) mois à partir de la première insertion au Journal officiel. Elle doit permettre de s'assurer de la conformité des plans produits par le demandeur avec les formes prescrites par la réglementation en vigueur. Les frais occasionnés par cette opération sont à la charge du requérant[68].

Toute concession doit être maintenue en exploitation suffisante pendant la durée de sa validité, qui est de 50 ans avec deux renouvellements possibles de 25 ans. Cependant, au cas où le concessionnaire ne fait pas preuve d'une activité suffisante, il encourt la déchéance[69].

L'octroi d'une concession minière ainsi que ses renouvellements ne sont acquis que sur paiement préalable des droits fixes et des redevances superficiaires ainsi établies :

- demande de concession : 10 000 francs CFA contre 500 francs auparavant
- demande de fusion des concessions : 10 000 francs CFA
- redevances superficiaires de concessions : pendant les six premières années, 5 francs par hectare et par an, 50 francs par hectare et par an pendant les années ultérieures[70].

Avant d'être définitive, toute concession doit faire l'objet d'une constatation diligentée par une commission *ad hoc*. Celle-ci doit apprécier les travaux exécutés par le concessionnaire sur l'ensemble des concessions dont il est titulaire. Selon l'état et l'avancement des travaux, elle peut proposer soit la déchéance, soit la prorogation pour une durée restreinte de 2 ans, soit enfin la concession définitive. L'institution finale d'une concession est notifiée à l'intéressé et insérée dans le Journal officiel[71].

Par ailleurs, les institutions, les renouvellements, les mutations, les transmissions, les transferts, voire des actes civils

[68] Article 39 du décret du 26 octobre 1927, JOTT 1927, p. 676.
[69] Article 58 du décret du 26 octobre 1927, JOTT 1927, p. 678.
[70] Deuxième partie de l'article 1er de la délibération n° 11/ATT du 16 avril 1953, JOTT 1953, pp. 421- 422.
[71] Article 56 du décret du 26 octobre 1927, JOTT 1927, 677-678.

ou judiciaires concernant les permis de recherche et concessions doivent être consignés dans un registre spécial tenu par le service des mines. Pour ce qui est particulièrement des concessions, leurs inscriptions doivent aussi se faire au bureau de la conservation foncière sur présentation de leurs pièces d'institution et de bornage[72]. Ce sont les titulaires de ces titres miniers qui doivent effectuer ces formalités. L'enregistrement de toutes ces informations sur le registre du service des mines lui permet de mieux suivre les travaux et, par conséquent, d'engager des poursuites en cas d'infractions constatées. Cet enregistrement aide aussi à un recouvrement facile des droits et redevances que doivent honorer les détenteurs de permis de recherches et concessions. Enfin, ce registre permet de régler les différends pouvant survenir entre plusieurs titulaires de titres miniers.

Avant 1957, les attributions des autorisations personnelles minières sont du ressort du commissaire de la République française au Togo, en conseil d'administration, tandis que les permis de recherche sont attribués par décrets du ministre de la France d'outre-mer. Le décret n° 57-38 du 12 mars 1957 met fin à l'exercice de ces compétences et prérogatives par le commissaire de la France d'outre-mer[73]. Cette mesure intervient dans le cadre de l'autonomie qui est octroyée au Togo. Ce décret confère donc à la République autonome une souveraineté dans le domaine des mines.

Dorénavant, les compétences, attributions et prérogatives exercées autrefois, dans le cadre de la réglementation minière, par le ministre de la France d'outre-mer et le commissaire de la République sont exercées par le Premier ministre en conseil de cabinet ou des ministres[74]. En d'autres termes, les concessions des titres miniers (autorisations personnelles minières, permis

[72] Articles 11 et 12 du décret du 26 octobre 1927, JOTT 1927, p. 672.

[73] Ce décret fixe l'exercice des compétences des membres du gouvernement togolais, des services et des agents de l'administration en matière de réglementation minière. Cf. JOTT 1957, p. 229.

[74] Articles 3 et 4 du décret n°57-38 du 12 mars 1957, JOTT 1957, p. 229.

de recherche et concessions minières) ressortent, respectivement, de la compétence du ministre des Mines et du Premier ministre de la République autonome.

Evidemment, le taux, le mode d'assiette et les règles de perception des droits, taxes et redevances superficiaires applicables aux permis de recherche et des concessions, tels que fixés par l'Assemblée territoriale, se font au profit du budget du Togo. Cette délibération permet le recouvrement des ressources financières provenant du domaine minier à partir des travaux entrepris par la SMB, dans la mesure où cette disposition s'applique à la recherche et à l'exploitation des substances placées sous le régime de la réserve[75].

Enfin, les produits extraits des permis de recherche et des concessions minières sont frappés de la taxe proportionnelle. Pour ceux extraits en recherche, le taux de la taxe est fixé à 7 % et pour ceux trouvés en exploitation de concessions, ce taux est à 5 % de leur valeur calculée sur les lieux d'extraction[76]. Les bases de cette évaluation et les conditions de perception, ainsi que les modalités de circulation de ces produits ne sont fixées qu'à partir de 1957.

Les prospections ne se déroulent pas sur le domaine public. C'est pourquoi il est prévu des mesures pour protéger les propriétaires de terrains qui doivent faire l'objet de travaux de prospection minière.

1.2.3. Les obligations des permissionnaires et des concessionnaires

Le consentement formel des propriétaires de terrains est exigé dans les cas d'occupation nécessaire aux travaux de prospection minière. Aussi, les permissionnaires et

---

[75] Cf. article 3 de la délibération n° 11/ATT du 16 avril 1953, JOTT 1953, pp. 421- 422.

[76] Article 54, 1er alinéa, du décret du 26 octobre 1927, JOTT 1927, p. 677.

concessionnaires sont-ils tenus de respecter les lois et coutumes relatives aux tombes[77].

Les exploitants miniers qui provoquent des dégâts doivent les réparer :

- aux arbres : règlement d'une valeur estimée
- aux bâtiments : réparation ou règlement d'une valeur estimée
- aux terrains : remise en état pour les rendre à leur usager initial ou achat de ces terrains en totalité lorsqu'ils ne sont plus propres aux cultures. Dans ce cas, avec l'accord des propriétaires, les sociétés exploitantes peuvent les acquérir[78].

La CTMB s'est acquittée de ces obligations à l'égard des propriétaires de terrains dans la région où elle exerce ses activités, sous la supervision d'une commission technique.

Le contrôle de l'administration est, enfin, prescrit par la réglementation minière du Togo.

1.2.4. Le rôle de l'administration

L'administration est chargée de la surveillance des recherches et des exploitations des mines, ainsi que de leurs dépendances. Tout permissionnaire ou concessionnaire doit porter à la connaissance de l'administration tout accident grave survenu dans une mine dans le plus bref délai. Ils sont, en outre, tenus de disposer de quantités suffisantes de médicaments sur les lieux de leurs travaux[79].

Sur chaque périmètre, le permissionnaire ou le concessionnaire doit tenir :

1. Un plan des travaux ;

2. Un registre d'avancement des travaux dans lequel peuvent être mentionnés tous les faits importants de l'exploitation ;

---

[77] Article 59 du décret du 26 octobre 1927, JOTT 1927, p. 678.

[78] Articles 61 et 63 du décret du 26 octobre 1927, JOTT 1927, pp. 678-679.

[79] Article 69 du décret du 26 octobre 1927, JOTT 1927, p. 679.

3. Un registre de contrôle journalier des ouvriers occupés dans les travaux.

4. Un registre d'extraction, de vente et d'exploitation[80].

Ces plans et registres doivent être présentés aux agents du service des mines et à tous les autres agents de l'administration dûment habilités, à chacune de leurs visites. De même, le permissionnaire ou le concessionnaire doit remettre, chaque année, au service des mines, la copie du plan des travaux faits l'année précédente et tous les renseignements statistiques relatifs à la nature, aux qualités des produits extraits et au personnel employé[81].

Ces pouvoirs du service des mines sont renforcés par le décret togolais n° 57-28 du 12 mars 1957 concernant l'exercice des compétences des membres du gouvernement togolais, des services et des agents de l'administration en matière de réglementation minière.

Tel est le contenu essentiel de la réglementation minière à laquelle doit être soumise toute entreprise de prospection du sous-sol togolais sous l'administration française.

2. La poursuite des prospections par la SMB

Le processus d'acquisition des titres miniers, tel que retracé, est respecté par la SMB, puis par la CTMB. Titulaire d'une autorisation personnelle minière en date du 21 janvier 1955, elle obtient 75 carrés de recherche par mutation et en sollicite d'autres.

2.1. L'octroi des permis de recherche à la SMB/CTMB

Hormis les permis de recherche obtenus du CPAN, 41 autres sont attribués à la SMB de la façon suivante :

---

[80] Article 72 du décret du 26 octobre 1927, JOTT 1927, p. 680.

[81] Article 72 du décret du 26 octobre 1927, JOTT 1927, p. 680. En ce qui concerne la CTMB, l'arrêté n° 20-MTP/Mines du 26 août 1961 lui a fixé la nature des plans et registres qu'elle doit tenir. Cf. le JORT du 1er octobre 1961, p. 627. Ces registres sont en annexe, à la fin de l'ouvrage.

- 34 périmètres ou carrés accordés le 5 juillet 1955 ;
- 4 carrés concédés le 11 avril 1956 ;
- 3 carrés octroyés le 13 septembre 1957[82].

Soit, au total, 116 permis de recherche sur lesquels la société fait des prospections systématiques par puits et sondage pour déterminer la couche, les morts-terrains de recouvrement, la structure géométrique et l'extension du gisement. Ces permis représentent 1 044 km², soit le tiers de la surface sédimentaire du Bas-Togo (Colomna-Cimera, 1961 : 47).

Les décrets concédant les permis de recherche enjoignent à la SMB ou CTMB de veiller à la santé des travailleurs, de surveiller de façon permanente l'hygiène des postes et de prendre des mesures en vue de lutter contre les épidémies. Au moment où ces titres sont octroyés par le ministre de la France d'outre-mer, le début de la validité est la date de publication de ces décrets au Togo.

Sur ces 116 permis, certains font l'objet de renouvellements sur avis du service des mines. Le but recherché à travers ces renouvellements est de mettre en évidence l'existence du gisement afin de solliciter des concessions pour l'exploiter. Dans ces permis, la société extrait, en outre, des lots pour des essais et prend des échantillons pour des analyses et études. Certains se réalisent dans une laverie-pilote installée sur place par la société.

2.2. L'usine-pilote de Vokoutimé

Située au bord de la lagune entre Akoumapé et Aného, cette usine est inaugurée en juillet 1956. Là, l'entreprise pousse l'étude d'enrichissement du minerai brut ainsi que sa récupérabilité. Elle y produit quelques lots d'essais de minerai marchand à haut titre (supérieur à 80 % de phosphates tricalciques) avec une capacité de 10 tonnes par heure. Les

[82] Les décrets d'octroi de ces permis sont publiés dans le JOTT 1955, pp. 689-691 ; dans le JOTT 1956, p. 49 et dans le JOTT du 1er octobre 1957.

essais se déroulent en deux temps : la première série a eu lieu en août-septembre 1956 et la seconde en avril-mai 1957[83].

936 tonnes des lots d'essais de phosphates marchands, produits dans la laverie-pilote, sont expédiées pour des essais de fabrication de superphosphates. Ces tonnes sont ainsi réparties :

- 436 tonnes dans les usines françaises de superphosphates que sont Khulmann, Saint- Gobain, Mondervilles et Aubervilliers ;
- 500 tonnes dans les usines de la République fédérale d'Allemagne.

En outre, 98 tonnes de phosphates bruts sont envoyées pour étude d'enrichissement du point de vue de la qualité et de la récupérabilité au laboratoire du CPAN d'Aubervilliers[84].

Les résultats des prospections et études ayant conclu à l'existence d'un gisement étendu et de bonne qualité, la société permissionnaire ne tarde pas à demander la transformation des permis de recherche en concessions minières.

2.3. L'attribution des concessions minières

La SMB, titulaire de 16 permis de recherche, est en droit de solliciter des concessions dérivant de ces permis, après avoir rempli les conditions prescrites par le code minier, notamment en ses articles 37 et 38[85]. C'est pourquoi elle formule, dès le 17 novembre 1955, cinq demandes de concessions minières, dont la première insertion paraît au Journal officiel du 16 janvier 1956.

---

[83] ANT-Lomé, 5G, sous-série 5G, dossier non coté : notes sur les investissements miniers réalisés au Togo en 1957.

[84] *Rapport annuel du gouvernement français à l'Assemblée générale des Nations Unies sur l'administration du Togo placé sous la tutelle de la France*, année 1956, p. 123.

[85] Etant donné que les permis de recherche qu'elle a obtenus n'ont pas expiré, elle est en droit de formuler les demandes de leur transformation en concessions.

Les cinq demandes de concessions minières en question sont : n° 1 : permis de recherche Hahotoé C ; n° 2 : permis de recherche Akoumapé C ; n° 3 : permis de recherche Hahotoé B ; n° 4 : permis de recherche Akoumapé D ; n° 5 : permis de recherche Sakow.

Elles sont toutes situées dans le cercle d'Aného, précisément dans la région comprise entre Hahotoé et Akoumapé.

Ces concessions sont accordées, provisoirement, à la SMB par décrets signés du Premier ministre Nicolas Grunitzky, en date du 5 avril 1957[86]. Ces décrets, tout en reconnaissant le droit de la SMB à disposer des concessions minières pour exploiter les phosphates de chaux et d'alumine, précisent que celles-ci lui confèrent le droit exclusif d'exploiter le minerai de phosphate suivant les règles de l'art et avec la préoccupation de rendre autant que possible les terrains de nouveau propres à leur usage initial dans un délai convenable[87].

C'est à la suite du règlement définitif du conflit juridique qui pèse sur les phosphates que ces concessions sont instituées. Ce différend est tranché par un arrêt de la juridiction suprême du Conseil d'Etat, en date du 31 mai 1957. Cet arrêt est intervenu en faveur de la SMB[88].

L'absence de documents relatifs à cette affaire n'a pas permis de cerner le mobile de ce contentieux administratif, ni de retrouver le texte de l'arrêt. Du reste, ce conflit n'entame en rien la volonté de la CTMB d'exploiter les phosphates du Togo. Elle poursuit des recherches sur des périmètres restants. Celles-ci aboutissent à la mise au jour d'un gisement exploitable. Pour ce faire, elle fait d'autres demandes pour l'obtention de douze concessions minières. Ces requêtes sont agréées par des décrets

---

[86] Cf. publication de ces décrets dans le numéro spécial du JORAT du 9 avril 1957, pp. 1-17.

[87] Voir articles 2 et 3 des décrets du 5 avril 1957. Ces recommandations sont vaines dans la mesure où les terrains qui ont fait l'objet d'exploitation des phosphates ne sont pas encore réutilisables.

[88] Archives non classées de la CTMB, procès-verbal du conseil d'administration du 6 mai 1958.

du Premier ministre Sylvanus Olympio, datés du 23 février 1959[89].

Ces douze titres miniers sont : n° 6 : Momé A ; n° 7 : Atchatchimé A ; n° 8 : Dagbati C ; n° 9 : Seledjimé C ; n° 10 : Seledjimé D ; n° 11 : Attivi A ; n° 12 : Attivi D ; n° 13 : Pemekopé Nord ; n° 14 : Pemekopé Sud ; n° 15 : Kpogamé ; n° 16 : Kpomé C ; n° 17 : Aveta B.

A ces concessions s'ajoutent deux autres titres miniers attribués à la CTMB, le 6 décembre 1960. Ce sont les concessions n° 18 Animabio A et n° 19 Animabio B.

Ces dix-neuf concessions couvrent une superficie de 10 670 hectares, à l'intérieur desquels s'inscrit le gisement dont la surface est de l'ordre de 1 800 à 2 000 hectares (Colomna-Cimera, 1961 : 47). Toutefois, il y a lieu de rappeler que toutes ces concessions sont instituées à titre provisoire.

D'autre part, l'institution de ces concessions est soumise au respect des formalités de bornage et de constatation. Elles doivent aussi être inscrites sur le registre spécial des concessions minières du service des mines et au bureau de la conservation foncière, à la diligence de la CTMB, en vertu des articles 11 et 12 du décret minier de 1927.

Au total, la SMB, à compter de 1955, mène des prospections qui débouchent sur l'attribution de concessions minières entre 1957 et 1960. Pour ce qui intéresse le Bureau minier de la France d'outre-mer, membre du Syndicat des Phosphates du Togo, il n'a pas pu transformer les deux permis de recherche dont il est titulaire en concessions minières, du fait de leur faible étendue. De ce fait, ils sont mutés, le 29 juillet 1957, à la République du Togo[90] qui, à son tour, les a transférés à la CTMB, le 6 décembre 1960. En contrepartie de la remise de tous les droits de cet organisme sur ses permis, le gouvernement lui a cédé une fraction de ses actions dans le capital de la

[89] Ces décrets sont promulgués dans le numéro spécial du JORT du 2 mars 1959, pp. 2-30.

[90] L'avis de transfert est publié dans le JORAT du 1er août 1957 et dans le JOTT 1958, p. 169.

compagnie. Le montant des actions rétrocédées est 2 650 000 francs CFA.

C'est dire donc qu'au cours de l'année 1958, la CTMB devient la seule société qui se consacre à la mise en valeur du minerai de phosphate. Sans doute, l'exécution de ses travaux doit occasionner des dommages aux populations environnantes. De plus, le déroulement des travaux doit être, réglementairement, soumis au contrôle effectif de l'administration. Ces deux paramètres engagent la responsabilité des pouvoirs publics dans les activités de la société exploitante.

3. Les structures publiques du suivi des travaux de la CTMB

Les zones de localisation des permis de recherche et des concessions minières, que détient la CTMB, n'appartiennent pas à l'Etat. Leur occupation par le concessionnaire ne peut être effective que sur autorisation de l'administration. Dans ce cas, il est tenu de payer une indemnité annuelle aux occupants ou aux locataires de terrains en vertu des droits coutumiers.

Avec l'institution provisoire des concessions, la CTMB doit aussi occuper les terrains nécessaires à l'exploitation du gisement qui lui est concédé. En vue d'en prendre possession, elle adresse une demande d'autorisation d'occupation des domaines indispensables à l'exploitation et à l'implantation des dépendances annexes, le 7 avril 1959. Cette requête est accompagnée d'une note explicative ainsi que d'un plan de situation précisant les différentes tranches d'exploitation.

Le gouvernement Olympio donne une suite favorable à cette requête par le décret n° 59-88 du 21 mai 1959, qui autorise la CTMB à occuper effectivement ces terrains, en commençant par ceux des cinq premières concessions de la région de Hahotoé-Akoumapé[91]. De plus, il déclare cette occupation d'utilité publique et d'urgence, et précise que l'indemnisation

[91] Cf. publication de ce décret dans le JORT 1959, pp. 423- 431.

des propriétaires de ces domaines doit se faire conformément aux prescriptions édictées par le décret minier du 26 octobre 1927. Une commission est alors instituée, pour mener à terme ces opérations.

Par ailleurs, le même décret habilite l'administration à exercer un droit de regard sur les travaux en cours dans les concessions minières, afin de s'assurer que le concessionnaire conduit ses activités selon les règles de l'art indiquées. C'est dans cette logique qu'un décret institue une commission de constatation de la situation de toutes les concessions minières.

Bien entendu, c'est par le biais de ces deux commissions que les dirigeants togolais s'efforcent de contrôler, un tant soit peu, les activités de la CTMB.

3.1. La commission chargée de suivre et de constater l'indemnisation des propriétaires des terrains occupés

Cette commission est instituée par le décret n° 59-103 du 30 juin 1959. Pour ce qui est des terrains, dont l'occupation est déclarée d'utilité publique et d'urgence, elle a pour mission de constater :

- les accords amiables réalisés entre la CTMB et les propriétaires, occupants ou usagers notoires de ces terrains ;
- les cas de désaccords ou d'impossibilités d'accord (surtout en l'absence d'ayants droit ou en cas de contestation de la validité des droits invoqués) ;
- l'état des lieux en cause tout en fournissant à leur sujet les éléments nécessaires au directeur des domaines pour fixer le montant de l'indemnité provisoire (en cas de refus d'occupation par le propriétaire, le décret n° 59-88 a prévu une indemnité provisoire en attendant que soit établi un accord amiable)[92].

[92] Article 1er du décret n° 59-103 du 30 juin 1959, JORT 1959, pp. 505-506.

Cette commission est appelée à siéger en tout lieu, en cas de demande d'occupation effective formulée par la CTMB. Elle est composée du commandant du cercle intéressé, président ; du directeur des mines et de la géologie, membre ; des directeurs de l'agriculture et des domaines ou de leurs représentants, membres ; de deux députés du cercle intéressé, membres ; de deux conseillers de circonscription de la subdivision intéressée, membres ; des chefs de villages concernés, membres[93].

Comment fonctionne cette commission ? Pour toute occupation, la CTMB doit adresser des demandes, accompagnées des plans des terrains, au directeur des mines et de la géologie. Celui-ci saisit, dès réception de la requête, le président de ladite commission qui convoque les membres 15 jours après. Par voie d'affiche ou par convocation, le président invite les propriétaires des terrains intéressés ainsi que le directeur de la CTMB à se présenter devant la commission. A l'issue des tractations entre les différents protagonistes, il est procédé à la signature des accords amiables définitifs lorsque le propriétaire ou locataire accepte l'abandon de son terrain à la CTMB. En cas de refus ou de désaccord, la commission établit un procès-verbal de constatation de non-accord, en mentionnant le montant de l'indemnité provisoire estimé par le directeur des domaines. A la fin des opérations, elle est tenue d'établir un procès-verbal de clôture.

Cette commission travaille sur plusieurs dossiers. Ainsi, elle siège lors de l'occupation des terrains affectés pour la découverture préalable à l'implantation de la tête du chemin de fer et à l'établissement du carreau de la mine à Hahotoé. Ces travaux occasionnent le déplacement du cimetière de ce village. A l'issue de la séance, la commission constate, par le procès-verbal de clôture du 27 juillet 1959, l'accord unanime des habitants de Hahotoé pour le transfert de leur cimetière sur une parcelle située hors de la zone minière. La parcelle en question appartient à la famille Atidokpo, qui accepte de la concéder

[93] Article 2 du décret n° 59-103 du 30 juin 1959.

sous réserve de l'accord du Premier ministre. Alors la CTMB formule, le 29 juillet 1959, une demande aux fins d'agrément par le chef du gouvernement. Cette requête reçoit une suite favorable par l'arrêté n° 185/PM/MTP/mines du 17 août 1959[94]. A ses frais et en accord avec les représentants de la population de Hahotoé, la CTMB procède au transfert des tombes sur le nouveau cimetière, sous la supervision de la commission technique.

Au cours des années 1965 et 1966[95], l'avancement des travaux de découverture des morts-terrains, toujours à Hahotoé, provoque le déplacement de certains quartiers du village, dont Kpodji, Amegapé et Nékome-Avédji. Saisie régulièrement par son président, la commission siège et étudie les dispositions prises à cet effet par la CTMB. Elle les juge satisfaisantes et constate, le 15 décembre 1966, 133 accords amiables[96].

Avant la convocation de cette commission, la compagnie effectue certaines formalités, à savoir l'acquisition d'un nouvel emplacement, son lotissement et la signature des accords amiables provisoires en décembre 1965. C'est dire qu'un travail de sensibilisation est fait sur le terrain par les responsables de l'entreprise. Concrètement, le rôle de la commission consiste à officialiser le transfert des quartiers par le procès-verbal de clôture produit lors de cette séance.

Quant au processus d'indemnisation proprement dit, il est conduit selon des modalités précises. En effet, la compagnie inventorie toutes les cases appartenant aux personnes à déplacer, en tenant compte de leur superficie et de leur nature (cases rondes et couvertes de paille, rectangulaires avec toit en chaume ou en tôle). C'est sur cette base que se réalisent les attributions de lots de terrain et des indemnités.

---

[94] Cf. préambule de l'arrêté n° 185/PM/MTP/ Mines du 17 août 1959, publié dans le JORT du 1er septembre 1959, p. 666.

[95] Ce passage sort du cadre chronologique de ce chapitre, mais y tient une place pour des raisons de cohérence.

[96] Archives non classées de la CTMB, procès-verbal de clôture de la commission technique daté du 15 décembre 1966.

Lors de la signature des accords, il y a des obligations des deux parties :

- Le propriétaire abandonne définitivement ses cases à la CTMB et lui donne irrévocablement son autorisation d'en prendre possession ;
- La compagnie, de son côté, met à la disposition du propriétaire, dans l'emplacement collectif, un lot pour lui permettre de construire de nouvelles cases. A cet effet, elle lui verse une indemnité globale forfaitaire et définitive.

Toutefois, l'indemnité n'est pas versée entièrement à la signature des accords. Le propriétaire reçoit, en cette circonstance, un acompte de 10 % au début des travaux ; le reste lui est donné au fur et à mesure de l'édification des cases. Pour faciliter leur construction, la société met à la disposition des propriétaires du matériel à des prix en dessous des coûts réels (40 %) et dans un délai déterminé. Les fournitures sont livrées seulement sur la présentation de l'original de l'accord amiable, après constat de l'avancement des chantiers (Labante, 2008 : 160).

Cependant, le transfert de ces quartiers du village de Hahotoé[97] ne se déroule pas sans à-coups. En effet, certaines familles n'acceptent pas leur déplacement, surtout celles qui ne sont pas du même clan que le chef du village. D'autres souhaitent que la compagnie elle-même leur construise les maisons, au lieu de leur donner de l'argent. Mais la CTMB parvient à colmater les brèches avec la complicité du chef du village, Kponkanou Anani, qui fait lui-même partie des personnes déplacées. Jacques Houyvet, directeur des services administratifs de la société, n'hésite pas à échanger des accolades fraternelles avec le chef du village et à offrir des cadeaux à la population[98]. Par sa générosité affectée, ce responsable réussit à obtenir un certain crédit auprès des autochtones.

[97] Le déplacement d'une partie du village de Hahotoé donne le jour à une fête dite Hovezan, célébrée depuis lors en souvenir de ce transfert (Labante, 2002 : 58).

[98] Propos rapportés de Hyacinthe Aziahlé ; entretien à Hahotoé, le 21 octobre 2001.

Enfin, l'occupation des terrains au niveau de l'embranchement ferroviaire de Kpogamé nécessite l'intervention de la commission technique. Ce dossier l'amène à tenir une séance, le 17 janvier 1973, à Sévagan. Lors de cette réunion, elle constate des accords amiables intervenus entre la CTMB et les populations concernées. Mais, ici, les indemnisations portent plutôt sur les biens détruits ou endommagés. Le montant des indemnités est fonction des prix convenus pour ces biens et la surface occupée.

De la façon qui suit, sont fixés les prix :

- Palmier de plus de 2 mètres 300 francs CFA
- 10 000 m² de manioc 14 000 francs CFA
- Kapokier d'un mètre de diamètre 400 francs CFA
- Manguier en état de production 1 000 francs CFA
- Cocotiers 500 francs CFA[99].

Au titre de dédommagement, les victimes perçoivent une indemnité globale forfaitaire et définitive. Compte tenu du fait que les terrains sont déjà occupés, elles reçoivent une somme représentant le loyer depuis la date d'occupation (1er mai 1972) jusqu'au 30 septembre 1973 (moment probable de récolte). Et désormais, ils doivent toucher une somme symbolisant la location annuelle, proportionnelle à la surface du domaine concédé. Cette indemnité est révisable tous les cinq ans, en fonction du prix des denrées agricoles locales[100]. Toutefois, ces indemnités sont insignifiantes et ne permettent pas aux populations de vivre convenablement.

Créée pour superviser d'abord les opérations d'indemnisation des propriétaires des terrains expropriés pour utilité publique et d'urgence, la commission technique chargée du suivi de ces opérations est aussi investie de la mission d'intervenir dans les autres indemnisations des propriétaires des

---

[99] Archives non classées de la CTMB, procès-verbal de constatation en date du 17 janvier 1973.

[100] Archives non classées de la CTMB, procès-verbal de constatation en date du 17 janvier 1973.

domaines affectés à l'installation des différents équipements[101]. Dans l'ensemble, elle remplit cette fonction délicate dans l'intérêt des populations locales et pour le bon déroulement des activités de la compagnie exploitante des phosphates.

Par ailleurs, il est important d'apprécier les activités de l'autre commission instituée presque au même moment.

3.2. La commission chargée de constater la situation des concessions minières

Cette commission est créée par le décret n°60-52 du 18 mai 1960, après un rapport de présentation du 3 mars 1960 du directeur des mines et de la géologie à ce propos. Elle est chargée de constater la situation de toutes les concessions minières, à l'expiration du délai de trois ans consécutifs à leur institution. En fait, les concessions concernées sont celles qui sont octroyées à la société par décret du 5 avril 1957.

La commission a la composition suivante :

- président : le directeur de cabinet du ministre chargé des mines ;
- membres : le directeur des mines et de la géologie, le directeur des chemins de fer et du wharf, le directeur des travaux publics, un représentant du ministre du Commerce, de l'Industrie et du Plan[102].

Conformément à l'article 56 du décret du 26 octobre 1927, elle doit, à l'expiration du délai de trois ans, apprécier si les travaux du concessionnaire, sur l'ensemble des concessions

[101] Notamment établissement de la tête du chemin de fer minier et du carreau de la mine, déviation de la route de Sévagan à Hahotoé, construction des habitations pour le personnel de l'exploitation. Dans ce cas, il est versé aux propriétaires des terrains une location annuelle par fraction trimestrielle et d'avance, révisable tous les 5 ans, en fonction du prix des denrées agricoles. Cf. article 2 du décret 59-168 du 19 octobre 1959 autorisant la CTMB à occuper des terrains pour ces infrastructures dans le JORT du 16 novembre 1959, p. 851.

[102] Article 3 du décret n° 60-52 du 18 mai 1960, publié dans le JORT du 16 juin 1960, p. 384.

dont il est titulaire, constituent une activité normale et suffisante ou apprécier les efforts et les travaux du concessionnaire en vue de réaliser cet objet. Cette constatation doit se faire sur la base des renseignements fournis par la société concessionnaire à la commission. Ces informations concernent le programme d'exploitation, puis les travaux en cours de réalisation ou ceux ayant été déjà réalisés.

Comme pour la commission technique du 30 juin 1959, elle doit rédiger un procès-verbal de constatations et le soumettre au ministre des Mines. Il en est de même pour les frais de déplacement et des travaux qui sont à la charge de la CTMB.

Toutefois, les conclusions des travaux de cette commission ne sont pas accessibles. Il est certain qu'elle a effectué des constatations et soumis un procès-verbal de clôture en date du 17 juin 1960[103]. Grâce à ce document, le gouvernement a institué, le 6 août 1960, les concessions accordées par décret du 5 avril 1957 et celles attribuées par décret du 23 février 1959, à titre définitif. L'institution définitive des concessions, conférées le 23 février 1959 à la CTMB, découle de certaines dispositions contenues dans la convention du 12 septembre 1957. D'après celles-ci, la République togolaise s'engage à octroyer des concessions minières à la CTMB dans un délai ne devant pas dépasser un an. L'institution de ces concessions n'est donc pas conforme aux prescriptions du décret minier du 26 octobre 1927.

Parallèlement à ce contrôle exercé par le gouvernement sur le déroulement des travaux de la CTMB, la réglementation des obligations de cette société envers lui le préoccupe.

4. Des obligations de l'entreprise à l'égard du territoire

Le décret minier du 26 octobre 1927 énonce, de façon imprécise, les obligations des sociétés minières à l'endroit du territoire. Au regard des activités prometteuses de la CTMB, il

[103] Notre hypothèse est fondée sur les motifs d'élaboration du décret n° 60-52 du 6 août 1960.

s'avère nécessaire de rendre plus explicites les engagements de cette société vis-à-vis du trésor.

4.1. De la taxe forfaitaire sur les produits extraits des concessions

L'imposition des produits extraits des mines est mentionnée dans l'article 54 du décret du 26 octobre 1927. Cet article fixe la taxe proportionnelle à 7 % pour les produits extraits en recherche, et pour ceux extraits par exploitation de concession à 5 % de la valeur calculée sur les lieux d'extraction (redevance minière *ad valorem* ou redevance proportionnelle). Toutefois, les bases de cette évaluation et les conditions de perception de cette taxe, de même que les conditions de circulation sont soumises à des décisions ultérieures. C'est dire qu'avec l'attribution des permis de recherche, le Togo doit, en principe, recevoir des taxes.

L'institution provisoire des cinq premières concessions constitue une opportunité pour le gouvernement de la République autonome de fixer forfaitairement la valeur des produits extraits de ces concessions pour chaque exercice. La valeur de ces produits est calculée sur les lieux d'extraction et sert de base de calcul de la redevance minière *ad valorem*. D'après le décret n° 57-98 du 30 août 1957, elle est fixée, forfaitairement, pour chaque exercice, à 60 % de la valeur fob[104], au point de sortie du Togo du tonnage marchand exporté pendant l'exercice considéré, augmentée de la valeur vrac sur wagons ou camions, départ usine, du tonnage marchand vendu au Togo, pour l'exercice contrôlé[105].

Pour faciliter ce calcul, l'exploitant est tenu de faire à la direction des mines et de la géologie, une déclaration certifiée

---

[104] Fob : Franco à bord. C'est une transaction commerciale maritime dans laquelle le prix convenu comprend les frais que supporte la marchandise jusqu'à sa destination sur le navire désigné par l'acquéreur.

[105] Article 1er du décret n° 57-98 du 30 août 1957 fixant forfaitairement pour chaque exercice la valeur des produits extraits des concessions minières, numéro spécial du JORAT du 11 septembre 1957, p. 1.

sincère et véritable pour chaque lot de minerai écoulé (exporté ou vendu sur place). Cette déclaration doit mentionner les conditions de vente avec les sommes perçues pour la commercialisation de ce minerai. Elle doit parvenir à la direction des mines et de la géologie tous les deux mois, suivant chaque semestre[106].

Par cette décision, le gouvernement de la République autonome renonce à la possibilité de participation, de 15 %, dans les bénéfices[107]. Du reste, le calcul de la redevance *ad valorem* est sujet à caution car la société exploitante peut manipuler les chiffres au détriment de la République du Togo.

Au demeurant, le décret n°57-98 du 30 août 1957 définit la base de calcul de la taxe proportionnelle sur les phosphates, sans préciser les modalités de sa perception ni les conditions de circulation de ces produits. Le décret n° 62-61 du 20 avril 1962 vient ainsi consommer ces dispositions prévues par la réglementation minière[108].

Ainsi que le décret n° 57-98 du 30 août 1957, le présent confère une certaine marge de manœuvre à la CTMB, qui peut en abuser. Du reste, la taxe relative aux concessions instituées doit être perçue au profit du budget de l'Etat togolais.

---

[106] Article 2 du décret n° 57-98 du 30 août 1957, numéro spécial du JORAT du 11 septembre 1957, p.1.

[107] Le Togo a, en outre, la possibilité de remplacer la taxe *ad valorem* par une participation dans les bénéfices. Cf. article 54, 3e alinéa, du décret du 26 octobre 1927, JOTT 1927, p. 677.

[108] Les conditions de perception sont les suivantes : cette taxe est perçue à l'occasion de chaque exportation sur place. La valeur imposable est constituée de la valeur FAS, pour les exportations par voie maritime, et par valeur marchande au point de sortie, pour les exportations par toute autre voie. Pour les phosphates exportés, la taxe proportionnelle est liquidée par le service des douanes, tandis que pour les ventes intérieures, elle est recouvrée par le service des contributions directes. Enfin, les conditions de circulation des phosphates sont, de cette façon, définies : chaque lot de phosphates vendu sur place ou exporté doit faire l'objet d'une déclaration. Le même décret a même prescrit à la compagnie les modèles de déclaration à faire dans les deux cas (annexe n°4). Cf. JORT du 1er mai 1962, pp. 356-357.

4.2. De la taxe superficiaire annuelle sur les concessions minières

La taxe superficiaire sur les concessions minières de 1re catégorie et de 3e catégorie fait l'objet de préoccupations de l'Assemblée territoriale qui, dans la délibération n° 11/ATT du 16 avril 1953, fixe ses taux. Elle est calculée, d'après les surfaces exactes des concessions minières instituées, de cette façon : redevances superficiaires des concessions : pendant les six premières années, cinq (5) francs par hectare et par an, 50 francs par hectare et par an, pendant les années suivantes.

Les conditions de recouvrement de cette taxe sont explicitées par le décret n° 62-60 du 20 avril 1962. Ce recouvrement se fait à partir du 1er janvier de l'année qui suit celle de l'acte de concession et est perçu annuellement. Les sociétés imposées doivent s'en acquitter dans les caisses du receveur des domaines avant le 15 mars de chaque année[109]. Le non-paiement de cette taxe n'expose pas à une déchéance, mais à une poursuite comme en matière de contribution directe[110].

Cette dernière mesure est intransigeante. Ce qui explique que les taxes superficiaires soient régulièrement versées. En effet, dans tous les budgets de 1960 à 1974, il y a une rubrique réservée au recouvrement de cette taxe. Ainsi, en 1962, le montant de cette taxe est de 736 000 francs CFA, alors qu'en 1966, il est de 5 500 000 francs CFA (Labante, 2002 : 62).

Pour résumer, ces dispositions sont mises en œuvre par la puissance publique en vue de recouvrer la rente financière qui lui revient de droit dans l'exploitation des phosphates.

---

[109] Article 1er, 2e et 4e alinéas du décret n° 62-60 du 20 avril 1962 fixant les conditions de perception de la taxe superficiaire annuelle sur les concessions minières de première et troisième catégorie, JORT du 1er mai 1962, p. 356.

[110] Article 2 du décret n° 62-60 du 20 avril 1962, JORT du 1er mai 1962, p. 356.

L'autorisation personnelle minière octroyée, le 21 janvier 1955, à la SMB est déterminante pour la poursuite des travaux entrepris par son prédécesseur, le CPAN. Grâce à l'octroi de ce titre minier, elle peut obtenir, conformément à la réglementation minière en vigueur dans le territoire du Togo, des permis de recherche qui débouchent sur l'attribution de concessions minières, preuves indéniables que la mise en valeur des phosphates est en passe de se concrétiser.

Les travaux de la SMB ou de la CTMB permettent de circonscrire le gisement, d'évaluer son tonnage (100 millions de minerai brut), d'estimer sa qualité (teneur en phosphates tricalciques de 80 %). Au cours de ces activités, le service des mines a joué un rôle important et la réglementation minière a servi de référence.

En effet, par le biais de cette réglementation, les autorités togolaises prennent des dispositions pour ne pas léser leurs administrés qui environnent les zones minières et pour s'assurer de la bonne conduite des travaux qui s'exécutent dans les concessions minières. Ce sont elles qui l'habilitent à prendre également des mesures appropriées en vue de tirer certaines ressources substantielles de la manne de phosphates.

En même temps que les travaux de prospection, les responsables de la société s'attèlent aux études de mise en valeur du gisement.

CHAPITRE IV

LES PREALABLES DE LA MISE EN VALEUR DES PHOSPHATES (1957-1961)

Les études de projet de mise en valeur des phosphates entreprises par la SMB/CTMB avancent favorablement. De ce fait, l'exploitation de ce gisement devient indubitable. Cependant, la réalisation d'un complexe industriel de cette envergure exige des équipements modernes et la mobilisation de capitaux énormes que la société s'emploie à recouvrer. Aussi, compte tenu de l'importance que revêt la mise en valeur de ce gisement pour le développement du Togo, est-il nécessaire de favoriser l'implantation de cette industrie et de consolider son assise par des exonérations douanières et fiscales.

1. La loi n° 57-35 du 11 septembre 1957, un régime fiscal particulier concédé à la SMB

La loi du 11 septembre 1957 porte sur certaines modifications des textes en matière fiscale, pour ce qui est de l'exploitation et de l'exportation des phosphates. A cet effet, les affaires d'exportation des phosphates sont exonérées de la taxe forfaitaire représentative de la taxe sur les transactions (TFRTT) à l'exportation[111]. Cette disposition complète donc l'article 29 de la délibération n° 44/ATT du 25 novembre 1955, qui refond les textes institutifs de la taxe sur les transactions. En outre, cet article exempte de la TFRTT à l'exportation certaines affaires dont les exportations de phosphates.

La délibération n° 24-49/D du 25 avril 1949, qui institue les droits d'entrée et de sortie des produits, est, de même, modifiée. Désormais, les phosphates sont frappés d'un droit fiscal de sortie, à raison de 5 % pour la tranche au-delà de 600 000 tonnes marchandes[112].

Cette loi édicte aussi les conditions particulières de détermination de la taxe proportionnelle sur les produits extraits des phosphates, au regard de la taxe proportionnelle sur les produits extraits des concessions prévue par l'article 54 du décret minier du 26 octobre 1927. Ainsi, sur les livraisons du minerai marchand jusqu'à 500 000 tonnes et les lots d'essais, il doit être perçu une taxe de 2 %, mais qui passe à 5 % pour le tonnage supérieur. De plus, la loi fixe à 1 % cette taxe pendant les cinq premières années, à compter de la première livraison commerciale. Toutefois, ce taux réduit n'est acquis à l'entreprise que si celle-ci réalise les installations permettant une production annuelle marchande de 500 000 tonnes[113].

Enfin, les modalités de perception de l'impôt sur les immeubles de l'entreprise, de même que sur son bénéfice sont prescrites. En vertu de ces dispositions, le revenu net, d'après lequel sont imposés les immeubles dont l'entreprise est propriétaire et qui font partie de son actif, est soumis à des taxes municipales sur le revenu net des propriétés bâties et sur la valeur vénale des propriétés non bâties. Par ailleurs, le bénéfice taxable de l'entreprise produisant les phosphates, lorsque les

---

[111] Article 1er de la loi n° 57-35 du 11septembre 1957, numéro spécial du JORAT du 11 septembre 1957. pp. 2-3.

[112] Article 2 de la loi n° 57-35 du 11 septembre 1957, numéro spécial du JORAT du 11 septembre 1957, p.3.

[113] Article 3 de la loi n° 57-35 du 11 septembre 1957, numéro spécial du JORAT du 11 septembre 1957, p. 3.

droits de sortie afférents à ses exportations sont supérieurs aux droits de sortie calculés au taux de 2 %, est égal à la différence entre le bénéfice fiscal et le bénéfice fictif (correspondant à la différence entre les droits de sortie des phosphates et les droits de sortie de 2 %)[114].

Ce régime fiscal particulier à l'entreprise de production de phosphates fait partie des dispositions encourageantes adoptées par le gouvernement de la République autonome, à partir du moment où les possibilités de mise en valeur tendent à se confirmer. Dans la même logique, l'entreprise est admise au bénéfice du régime fiscal particulier des entreprises agréées préconisé par la loi n° 57-36, élaborée et promulguée simultanément à la loi n° 57-35 du 11 septembre 1957. Cette hâte, dans la prise de ces décisions, donne à Goeh-Akué (1992 : 81) l'impression d'une braderie en ce qui concerne l'exploitation des phosphates par la CTMB.

2. L'agrément de la SMB au régime fiscal particulier des entreprises agréées

Le régime fiscal particulier est élaboré le 11 septembre 1957 et le lendemain, c'est-à-dire le 12 septembre, le gouvernement de la République autonome décide de faire jouir la SMB des dispositions de ce régime de faveur, en vue de donner une impulsion vigoureuse au projet de mise en valeur des phosphates.

Cet agrément précise que la société doit, dans un délai de 5 ans, à partir du 1er octobre 1957, réaliser tous les équipements nécessaires à l'exploitation des phosphates de son domaine minier pour une production annuelle de 500 000 tonnes[115].

[114] Articles 4 et 5 de la même loi. Un bénéfice fictif est un bénéfice qui n'existe qu'en fonction d'une convention.

[115] Article 3 du décret n° 57-99 du 12 septembre 1957 agréant la SMB au bénéfice du régime fiscal particulier des entreprises agréées, JORAT du 1er octobre 1957, pp. 689-690.

La durée de ce régime, conformément à l'article 4 de la loi n° 57-36 du 11 septembre 1957, est fixée à 25 ans, compte tenu du montant des investissements que la SMB doit réaliser. Ceux-ci se chiffrent à 4 830 millions de francs CFA. En outre, cette durée est majorée d'un délai maximum de 5 ans. Une commission technique doit se charger de déterminer l'échéance du délai, dès constatation par la direction des mines et le service des douanes de la première expédition commerciale. La date de cette première livraison doit être le point de départ de la période de 25 ans, appelée à bénéficier d'un régime fiscal particulier[116].

De manière précise, la période de trente ans est ainsi décomposée : 5 ans considérés comme l'échéance du délai d'installation au cours duquel l'entreprise jouit des exonérations douanières et fiscales pour l'importation des équipements, 25 ans représentant la durée du régime particulier qui commence à partir du moment où l'entreprise exporte ses productions. La première exportation de phosphates ayant eu lieu en 1961, la fin de ce régime doit être fixée à l'année 1986.

Ce décret d'agrément signifie le bénéfice des autres avantages issus des dispositions de la loi n° 57-36 du 11 septembre 1957 et implique la signature d'une convention d'établissement entre la SMB et la République autonome du Togo.

3. La signature de la convention aux fins de mise en valeur économique du gisement de phosphates entre la République autonome du Togo et la SMB

Signée le 12 septembre 1957, cette convention fixe et garantit les conditions d'établissement et de fonctionnement de la SMB. Celles-ci consistent, essentiellement, en des obligations contractuelles de la société et en des engagements du

[116] Article 5 du décret n° 57-99 du 12 septembre 1957 agréant la SMB au bénéfice du régime fiscal particulier des entreprises agréées, JORAT du 1er octobre 1957, p. 690.

gouvernement du Togo. A cette occasion, la République autonome du Togo a été représentée par son Premier ministre, Nicolas Grunitzky, et la SMB par son administrateur-délégué, Max Robert.

3.1. Les obligations de la SMB

Conformément à cet accord, la SMB s'engage à réaliser, avant le 12 septembre 1962, tous les équipements nécessaires à la production et à l'embarquement annuel de 500 000 tonnes de phosphates marchands. Ces installations doivent être complétées en temps utile et en fonction de la rentabilité, de façon que cette production annuelle soit portée à un million de tonnes de minerai marchand. Mais avant le démarrage de l'exploitation, la société doit porter son capital, alors de 100 millions de francs CFA, à 1 250 millions afin d'atteindre ces objectifs[117].

La SMB offre à la République autonome du Togo une participation dans son capital jusqu'à concurrence de 20 % de la partie souscrite par les actionnaires privés. Afin de permettre à la République du Togo de souscrire à sa part, la société doit lui fournir le programme des augmentations de capital jusqu'au montant de 1 250 millions de francs CFA, par lettre recommandée au Premier ministre, deux mois à l'avance. Dès réception de cette lettre, celui-ci doit, dans le même délai, faire connaître si le Togo entend souscrire à sa part dans le capital, y compris ou non la part correspondant au capital initial ou aux augmentations précédentes s'il n'a pas épuisé son droit de prise de participation dans les augmentations devant aboutir à 1 250 millions[118].

---

[117] Articles 3 et 2 de la convention aux fins de la mise en valeur économique des phosphates du Togo, JORAT du 1er octobre 1957, pp. 701. Toutefois, l'entreprise ne parvient pas au montant indiqué car son capital social avant le début de l'exportation est de 1 180 millions de francs CFA.

[118] Article 5 de la convention aux fins de mise en valeur économique du gisement de phosphates du Togo, JORAT du 1er octobre 1957, p. 701.

Mais la République autonome ne souscrit qu'à une fraction très infime dans l'accroissement de capital opéré le 1er avril 1958, soit 5 000 actions sur 216 000 actions. Pourquoi le Togo n'a-t-il pas souscrit à toute la partie qui lui est réservée ? Cela doit, sans doute, dépendre des limites financières du gouvernement, car la somme de 236 millions, soit le total de sa participation dans le capital de 1 180 millions, constitue pour lui une lourde charge. Le recours à un prêt n'aurait-il pas été souhaitable ? Ou bien le Togo n'est pas optimiste quant à la rentabilité de l'affaire ? Comme le Togo doit devenir actionnaire, la SMB s'engage à lui réserver deux mandats d'administrateurs.

Par ailleurs, l'entreprise prend l'engagement d'affecter, à la satisfaction des besoins de l'agriculture togolaise, une part de sa production. Elle doit, entre autres, au regard des exigences de la technique, de la production et de la rentabilité, favoriser l'emploi de la main-d'œuvre togolaise, encourager le développement de la formation technique et professionnelle de ses agents, permettre l'accession des citoyens togolais aux emplois de maîtrise et de cadre, faciliter la construction de logements pour ses travailleurs et créer, pour eux et leurs familles, un dispensaire[119].

Pour ce qui est des cinq concessions qui lui sont attribuées, la SMB s'engage à les exploiter suivant les règles de l'art adaptées et avec la préoccupation de rendre, autant que possible, les terrains de nouveau propres à leur usage initial dans un délai maximum de 10 ans après la fin de l'exploitation. Aussi, ne peut-elle pas renoncer à l'ensemble de ces concessions sans proposer au préalable à la République du Togo le transfert de ces concessions et la cession des moyens nécessaires à la continuité de l'exploitation[120].

---

[119] Articles 7 et 8 de la convention aux fins de mise en valeur économique du gisement de phosphates du Togo, JORAT du 1er octobre 1957, p. 702.

[120] Articles 9 et 12 de la convention aux fins de mise en valeur économique du gisement de phosphates du Togo, JORAT du 1er octobre 1957, p. 702.

Enfin, l'entreprise accepte de construire et d'entretenir les locaux indispensables au fonctionnement des services de la douane, de la police, de la santé et de l'inscription maritime, qui doivent se charger de la surveillance des opérations pour son compte. Elle prend aussi sur elle la charge de rembourser à la République autonome les traitements et indemnités et de pourvoir au logement de trois agents des douanes affectés pour son compte[121].

L'acquittement de ces obligations se fait au fur et à mesure de la mise en place des équipements et des infrastructures connexes et, d'une façon générale, avec l'exploitation proprement dite.

Réciproquement, la République autonome prend des engagements.

3.2. Les garanties de la République autonome

Pour sa part, la République autonome du Togo s'engage à ne pas priver la société du bénéfice des dispositions favorables à la date d'entrée en vigueur de cette convention, même si celles-ci viennent à être modifiées[122]. Ces modifications peuvent porter aussi bien sur le régime fiscal que sur celui des substances minérales.

Ensuite, elle ne doit pas pratiquer de discriminations en ce qui concerne la nationalité des actionnaires. A la faveur de cette garantie, d'autres actionnaires, tels Allemands et Américains, peuvent prendre des participations au capital de la société.

Dans le même sens, aucune restriction ne doit être apportée au libre choix des personnes physiques chargées de la direction ou du contrôle de la société, non plus à la liberté des décisions prises par les actionnaires et se rapportant à la structure, à la gestion technique, administrative, commerciale de la société

---

[121] Article 10 de la convention aux fins de mise en valeur économique du gisement de phosphates du Togo, JORAT du 1er octobre 1957, p. 702.

[122] Article 14 de la convention aux fins de mise en valeur économique du gisement de phosphates du Togo, JORAT du 1er octobre 1957, p. 703.

ainsi qu'à l'exploitation rationnelle de son domaine minier. Aussi, compte tenu du caractère international du marché des phosphates, la République autonome, quelles que soient les modifications de sa compétence, ne doit-elle pas faire obstacle à la libre circulation des capitaux de la société[123].

Quant aux concessions minières déjà instituées, aucune modification ne doit être apportée à leurs textes institutifs. Le Togo s'engage, en outre, à accorder à la SMB les permis de recherche dans les délais normaux et à instituer, dans le délai d'un an, des concessions afin de favoriser l'accroissement de la production. De même, l'imposition des produits extraits de ces concessions doit être stable, à l'exception de la redevance minière *ad valorem*. En effet, le gouvernement s'engage à faire en sorte que l'ensemble des tarifs, taxes et redevances applicables aux produits de la société ne dépasse pas 5 % du prix de vente moyen obtenu, en faisant la moyenne annuelle des valeurs fob, au point de sortie du Togo du tonnage marchand exporté du Togo et des valeurs vrac au Togo pendant l'année considérée[124]. Cette mesure vise, en fait, à assurer la rentabilité de l'entreprise.

La République du Togo garantit, entre autres, que la mise en place des équipements nécessaires doit être facilitée par la libre importation et par la libre circulation du matériel, des matières et des approvisionnements indispensables à la société ainsi que par un libre recrutement des techniciens. Les travaux d'installation de ces équipements doivent également se dérouler dans des conditions administratives souples. Enfin, dans le souci de permettre à l'entreprise de maintenir ses installations en parfait état de marche, le calcul des amortissements des immobilisations, figurant au bilan de la société, doit être

---

[123] Articles 16 et 21 de la convention aux fins de mise en valeur économique du gisement de phosphates du Togo, JORAT du 1er octobre 1957, pp. 703-704.

[124] Article 15 et le 2e alinéa de l'article 21 de la convention aux fins de mise en valeur économique du gisement de phosphates du Togo, JORAT du 1er octobre 1957, pp. 703-704.

effectué suivant un tableau annexé à cette convention. Ce tableau (tableau n° 5) prévoit des tarifs progressifs en raison du développement espéré de la production annuelle[125].

Tableau n°5 : Tableau d'amortissement des immobilisations de la SMB aux termes de la convention d'établissement du 12 septembre 1957

Immobilisations	Durée d'amortissement	Taux d'amortissement
Génie civil, sauf installations portuaires ; Immeubles à usage industriel ; Cités d'habitation ; Bureaux.	20 ans	Néant pendant les 2 premières années d'exploitation 3 % pendant les 2 années suivantes 5 % pendant les 2 années suivantes 6 % pendant les 14 années suivantes
Transporteur aérien ; Installations portuaires ; Frais de recherches et d'études.	15 ans	Néant pendant les 2 premières années d'exploitation 3 % pendant les 2 années suivantes 6,5 % pendant les 2 années suivantes 9 % pendant les 9 années suivantes
Usines de traitement ; Alimentation en eau ; Machines fixes, roues-pelles ; Convoyeurs de carrières ; Aménagements divers.	10 ans	Néant pendant les 2 premières années d'exploitation 4 % pendant les 2 années suivantes 8 % pendant les 2 années suivantes 19 % pendant les 4 années suivantes
Mobilier de bureau ou autre	5 ans	20 %
Matériel de carrière, autre que la roue-pelle et les convoyeurs, petit outillage.	4 ans	25 %
Camions.	3 ans	33,3 %
Véhicules légers à moteur	2 ans	50 %

Source : JORAT du 1er octobre 1957, p. 706.

L'amortissement est une technique comptable et fiscale destinée à compenser, par provision, l'usure ou la perte de valeur subie par les immobilisations. Le plus souvent, les durées usuelles d'amortissement sont déterminées par l'administration, qui ne reconnaît que deux types d'amortissements : linéaire et dégressif. Mais, ici, l'Etat togolais admet un amortissement de type progressif. En d'autres termes, il a allégé la fiscalité en vue d'assurer à la SMB une compétitivité et une rentabilité. Enfin, il convient de noter que la part des amortissements est intégrée dans le bénéfice imposable de l'entreprise.

Ces engagements de la République autonome contribuent, énormément, à l'installation et au fonctionnement de l'entreprise exploitante des phosphates. Ils sont appréciables

[125] Articles 18 et 20 de la convention aux fins de mise en valeur économique du gisement de phosphates du Togo, JORAT du 1er octobre 1957, p. 704.

dans l'élaboration des clauses administratives qui régissent les travaux.

Dans tous les cas, la convention intervenue, le 12 septembre 1957, entre la République autonome du Togo et la SMB constitue le socle sur lequel s'édifie l'exploitation des phosphates. Elle a donc le mérite d'avoir mis en relief le cadre dans lequel évolue la CTMB de 1957 à 1972, année où elle subit une modification. Ne soulevant aucune contestation, elle est approuvée par décret du Premier ministre en date du 17 septembre 1957.

D'autre part, cette convention est le premier contrat du genre signé entre un TOM et une entreprise. Elle inspire *de facto* d'autres territoires comme le Sénégal et la Côte d'Ivoire qui marchent dans le sillage du Togo. Du reste, cette convention conforte la volonté de la SMB d'exploiter les phosphates du Togo et l'incite à contracter des emprunts auprès des financiers, en vue de l'acquisition des équipements.

4. Des arrangements financiers

L'équipement d'une industrie extractive d'une telle envergure exige de gros moyens financiers. Les capitaux indispensables pour l'exploitation du gisement sont estimés à 4 830 millions de francs CFA. L'entreprise n'est pas à même de réunir cette importante somme.

Consciente de l'ampleur financière de ces investissements, la SMB parvient à établir un plan de financement avec l'accord du ministre de la France d'outre-mer, du ministre des Finances et de la CCFOM, plan approuvé par le comité directeur du FIDES. Toutefois, ce programme souffre de quelques quiproquos. En fait, un crédit à long terme doit être accordé par la CCFOM à la CTMB, à l'issue des décisions prises en décembre 1957 par le conseil de surveillance de la CCFOM et du comité directeur du FIDES. Mais à la suite d'une entrevue entre Max Robert et le ministre de la France d'outre-mer, il ressort que la compagnie ne peut entrer en possession de ce crédit. Alors l'administrateur délégué fait des démarches pressantes auprès du haut-commissaire de la République du Togo, du ministre des Finances et de la présidence du Conseil de surveillance de la CCFOM pour leur faire part des conséquences de cette situation[126]. C'est qu'en effet, comptant sur ce crédit, la société effectue des dépenses. En fin de compte, un crédit de 1 875 millions est octroyé, en 1958, à la CTMB après la signature d'une convention entre Max Robert et l'organisme financier. Toujours au cours de l'année 1958, la compagnie reçoit de son principal bailleur de fonds un emprunt obligataire de 345 millions de francs CFA, convertibles en actions[127].

Mais, auparavant, la CTMB sollicite, conjointement avec la République togolaise, un prêt auprès de son traditionnel créancier. Sur avis favorable du conseil de surveillance de la CCFOM, le comité directeur du FIDES autorise, dans sa séance du 19 décembre 1957, la caisse centrale à mettre à la disposition de la CTMB un prêt de 2 220 millions de francs CFA, dont 345 millions doivent être transformés en actions au profit, notamment, de la République autonome du Togo[128]. Après ce prêt, l'entreprise obtient de la Banque centrale des Etats de l'Afrique de l'Ouest (BCEAO) un emprunt réescomptable d'un montant de 500 millions, et un autre emprunt, de même nature, du Crédit national, d'une valeur de 200 millions de francs CFA[129].

Il est important de souligner qu'avant l'obtention de ces crédits et prêts, la société fait, largement, appel aux avances en comptes courants d'actionnaires des quatre sociétés fondatrices. Le montant de ces avances (contribution en parts égales) s'élève

---

[126] Archives non classées de la CTMB, délibération du conseil d'administration en date du 8 octobre 1958.

[127] Archives non classées de la CTMB, délibération du Conseil d'administration en date du 8 octobre 1958.

[128] Archives non classées de la CTMB, Rapport du Conseil d'administration du 6 mai 1958 à l'Assemblée générale des actionnaires.

[129] Archives non classées de la CTMB, bilan de la société au 31 décembre 1961.

à 285 millions de francs CFA au 31 décembre 1957[130]. La COFIMER, un autre actionnaire important, lui accorde un emprunt de 75 millions de francs CFA. Enfin, au regard de son statut, elle bénéficie des avances en comptes courants consenties sans intérêts de la part des sociétés qui partagent avec elle des administrations communes. Ces dernières avances s'élèvent, au 31 décembre 1973, à 343,750 millions de francs CFA[131]. Ces sociétés sont, entre autres, l'Union des mines (également actionnaire de la CTMB), la Société des minerais et engrais et le Centre d'étude et de recherche des phosphates minéraux (CERPHOS), constitué après la dissolution du CPAN.

Il apparaît donc que les responsables de la société, à l'issue de la signature de la convention du 12 septembre 1957, s'élancent, obstinément, à la recherche des fonds indispensables à la mise en valeur de leur domaine minier. La principale pourvoyeuse de ces financements reste la CCFOM. En allouant des crédits et autres emprunts à la CTMB, la CCFOM ne fait qu'assumer les fonctions que lui a confiées le décret n°46-2356 du 24 octobre 1946.

D'autre part, une proportion importante de ces moyens financiers est affectée à la mise en place des équipements.

5. L'implantation des équipements

Les équipements nécessaires à l'exploitation des phosphates sont notamment :

- les installations pour l'extraction du minerai ;
- une voie ferrée pour acheminer le minerai du lieu d'extraction à celui du traitement ;
- une infrastructure énergétique pour les diverses installations ;

[130] Archives non classées de la CTMB, rapport des commissaires aux comptes sur l'exercice 1957.

[131] Archives non classées de la CTMB, rapport des commissaires aux comptes sur l'exercice 1961.

- un centre industriel pour sécher le minerai et l'enrichir, comportant un hangar ou des silos de stockage, des réservoirs pour des produits pétroliers ;
- des installations portuaires pour l'embarquement des phosphates (Labante, 2008 : 158).

La mise en place de ces équipements fait l'objet de plusieurs études, à l'issue desquelles les travaux proprement dits commencent. La société acquiert les matériels et fournitures, soit sur commande, soit par cession. Déjà en 1956, elle conclut des accords avec la Société des phosphates du Congo pour la cession de matériels obtenus à moindres frais (Labante, 2002 : 73).

Faut-il rappeler que ces travaux se déroulent dans des conditions administratives souples, car c'est avec diligence que les autorités togolaises concèdent des terrains indispensables à l'établissement de ces infrastructures. Faut-il enfin préciser que l'importation des matériels et fournitures bénéficie d'un délai franc de cinq ans.

Cependant, de toutes ces immobilisations, l'emplacement du centre industriel préoccupe l'entreprise au premier plan.

5.1. Le centre industriel

Le choix est porté sur Kpémé où le territoire dispose d'une concession provenant de l'ancienne plantation allemande[132]. L'administration française, par l'arrêté du 16 avril 1927, l'a préemptée. La concession, sollicitée par la SMB, a une superficie de 60 hectares et se situe entre l'ancienne route Lomé-Aného et la ligne de chemin de fer Lomé-Aného. Complantée en partie de cocotiers, elle sert de champs

---

[132] Une partie de cette plantation est rétrocédée à certaines familles d'Agbodrafo et de Séwatchikopé par la délibération n° 29/48/DM du 30 juin 1948 de la Commission permanente de l'Assemblée représentative du Togo. Cette plantation a pour origine la convention intervenue entre le sieur Oloff et les chefs des villages d'Agbodrafo, Séwatchikopé et Gounkopé en 1890 (Labante, 2002 : 74).

d'expérimentation au service d'agriculture. Comment la société l'a-t-elle acquise ?

5.1.1. Les formalités de l'occupation de l'espace

Contrairement à la féculerie de Ganavé, dont l'occupation spatiale donne lieu à des tractations entre le gouverneur Jean Bérard, alors commandant du cercle d'Aného, et les propriétaires terriens (Sossou, 1996 : 30), la mise en place du principal établissement de la CTMB obéit à un canevas prévu par l'article 26 de l'arrêté du 1er avril 1927 concernant les biens ruraux. Ce processus se décompose en plusieurs étapes :

1. La lettre de demande est adressée au commandant du cercle, qui la transmet au commissaire de la République. A cette demande sont annexés les statuts de la société, les pouvoirs du demandeur, le procès-verbal de l'Assemblée constitutive, un croquis du terrain avec des limites générales, sa contenance et l'utilisation projetée.

2. L'autorité, saisie de la requête, établit un cahier des charges indiquant, notamment, les prix, les conditions de paiement, s'assure de l'avis du receveur des Domaines et notifie sa décision au demandeur. En cas d'accord préalable, la demande est publiée au Journal officiel par affichage. Des oppositions peuvent être formulées dans un délai d'un mois à partir de la publication au Journal officiel.

3. La concession est attribuée par voie d'adjudication. Tout requérant doit faire acte de soumissionnaire comme les autres.

4. C'est par arrêté du gouverneur, pris en conseil d'administration et sur avis de l'Assemblée territoriale, que la concession est accordée. En principe, l'échéance, pour mettre en valeur les concessions rurales, est fixée à 6 ans.

La demande de concession territoriale de Kpémé, formulée par la SMB, suit, évidemment, ce cheminement. Ainsi, par lettre, en date du 12 novembre 1955, Maurice Gingembre, directeur de la SMB à Lomé, formule la demande de cette concession dans les formes indiquées. Le Commandant du cercle d'Aného d'alors, A. Verdhillac, transmet la requête au commissaire de la République.

Mais, avant la rédaction du cahier des charges, les responsables de la société entrent vite en besogne par des contacts avec le receveur des Domaines, Darnois, et le secrétaire général du gouvernement, Rigal. Ces démarches officieuses visent à acquérir cette concession à des conditions très avantageuses[133].

Le projet de cahier des charges est établi par l'administration. Comme il est donné la possibilité d'émettre des objections, la SMB propose un contre-projet grâce à la bienveillance de ses deux complices. Entre-temps, à l'issue d'une entrevue entre le secrétaire général du gouvernement et Maurice Gingembre, le premier promet au second d'user de son autorité pour faire prendre un arrêté donnant 5 ans pour la mise en valeur de la concession.

Les points que la SMB conteste, dans le projet de cahier des charges de l'administration, sont les suivants :

1. La mise à prix : le territoire propose 6.200.000 francs CFA en se basant sur le prix de 1927 (750.000 francs pour une superficie de 520 hectares). De son côté, la SMB offre la somme de 5 millions de francs CFA.

2. La proposition selon laquelle le prix d'adjudication serait remboursé en cas de résolution de la vente : l'administration prévoit 50 % tandis que la société suggère 60 %.

3. Les trois enclaves que les pouvoirs publics demandent de réserver pour 5 ans au service de l'agriculture pour la poursuite d'essais de cultures. Le requérant trouve que deux de ces enclaves sont gênantes et pour cela préconise un bail emphytéotique des terrains limitrophes.

4. Des clauses particulières définissant les obligations d'investissement. Il s'agit, entre autres, des matériaux de

---

[133] Archives non classées de la CTMB, lettre de Maurice Gingembre, datée du 19 novembre 1955, au bureau de Paris. Elle fait le compte rendu de la rencontre avec le secrétaire général du gouvernement, Rigal.

construction, d'une clôture convenable, d'une surface couverte de 5 500 m² avec des immeubles d'une valeur minimum de 75 millions de francs CFA[134]. Cette mesure vise, en fait, à changer le paysage de cette localité qui était encore rurale.

Tout compte fait, après confrontation des projets de cahier des charges, les deux partenaires parviennent à en établir un qui est approuvé, le 7 juin 1956, en conseil de gouvernement. Le cahier des charges retenu définit les conditions et les clauses qui régissent l'acquisition de ce terrain. En effet, pour participer à l'adjudication, il faut être solvable, titulaire de permis de recherche et bien connaître le domaine[135]. La mise à prix est fixée à 5 millions et, en cas de résolution de la vente, il serait remboursé à l'acquéreur 60 % du prix net d'adjudication[136]. L'adjudicataire doit s'engager, expressément dans un délai de 5 ans, à respecter les trois légères enclaves du service d'agriculture afin de lui permettre de tirer les conclusions des expériences entreprises. Au cours du même intervalle de temps, il doit réaliser la mise en valeur de cet espace, c'est-à-dire justifier qu'il a élevé les constructions[137].

En dehors du prix principal à verser par l'acquéreur dans les huit jours suivant l'homologation, il est tenu de s'acquitter aussi du montant des droits de timbre et d'enregistrement, des frais de publicité et d'imprimés à la caisse du receveur des Domaines. En cas de retard dans le paiement du prix principal, il encourt une augmentation de 8 % l'an. Sur présentation de la fiche du paiement, l'acquéreur peut se faire établir un titre foncier[138]. Enfin, l'enclave de Foligakopé, contiguë à la concession à

---

[134] Archives non classées de la CTMB, délibération du Conseil d'administration du 16 janvier 1956.

[135] Archives non classées de la CTMB, articles 3 et 4 du cahier des charges de la concession de Kpémé.

[136] Archives non classées de la CTMB, article 10 du cahier des charges de la concession de Kpémé.

[137] Archives non classées de la CTMB, article 18, 1er et 2e alinéas du cahier des charges de la concession de Kpémé.

[138] Archives non classées de la CTMB, articles 7, 8 et 3 du cahier des charges de la concession de Kpémé.

adjuger, est déterminée et bornée par les soins de l'administration[139].

Le cahier des charges étant acquis, la publication de l'avis d'adjudication est faite de façon simultanée. Cette opération est réalisée le 13 août 1956 à 10 heures, dans la salle des audiences du tribunal d'Aného. En vertu de l'article 9 de l'arrêté du 1er avril 1927, le directeur de la SMB à Lomé, Maurice Gingembre, avise, le 20 juin 1956, le commandant du cercle d'Aného que sa société a l'intention de participer à l'adjudication.

Solvable et, de surcroît, titulaire déjà d'un permis de recherche, la SMB doit remplir la dernière condition, c'est-à-dire la connaissance du terrain. C'est chose faite les 24 et 25 juillet 1956. Normalement, la superficie de l'espace à concéder est d'environ 60 hectares. Mais, suite au vœu de l'Assemblée territoriale, une parcelle de 1 ha et 5 à 08 ca est déduite de la surface initiale, en bordure de la voie ferrée Lomé-Aného[140].

Ayant satisfait à toutes les exigences, la SMB devient, sans concurrent, propriétaire de ce terrain dont l'aire est dorénavant de 59 ha 27 à 65 ca, avec la forme d'un polygone irrégulier. Le 21 août 1956, un arrêté du Commissaire de la République le lui attribue à titre provisoire. Le 19 septembre 1956, le conservateur de la propriété foncière lui délivre le titre foncier n° 3-183 distrait du titre 44 du territoire du Togo et inséré dans le livre foncier[141].

---

[139] Bien que cette enclave soit bornée, les populations font disparaître une borne. Quand le chef du village est interrogé à ce propos, il n'a pas avoué la disparition de cette borne. Après des recherches, elle a été retrouvée. C'est dire que les populations autochtones ont protesté contre l'institution de cette concession. En effet, elles ont leurs champs sur ce domaine (Labante, 2002 : 76)

[140] Archives non classées de la CTMB, procès-verbal du bornage des 24 et 25 juillet 1956.

[141] La CTMB obtient une copie du titre foncier de façon illégale. En effet, l'obtention de ce titre par une société qui a une parcelle des domaines du territoire est punissable. Darnois, le receveur des Domaines du territoire, est sanctionné pour avoir délivré la copie d'un titre foncier à la Société commerciale de l'Ouest africain (SCOA). Cf. Labante (2002 : 77).

Dans l'histoire de l'exploitation des phosphates par la CTMB, des complicités se trament entre les responsables de cette société et leurs concitoyens chargés d'administrer le territoire du Togo. La bonne intelligence entre le secrétaire général du gouvernement et le directeur de la SMB à Lomé, au sujet de la concession territoriale de Kpémé, est un exemple parmi tant d'autres.

L'entreprise, après acquisition de la concession, s'emploie à la rendre propre à l'usage auquel il la destine avant l'année 1962, pour ne pas en être déchue.

5.1.2. Les installations du centre industriel

L'usine d'enrichissement, dont la laverie constitue la pièce maîtresse, est édifiée au bord de la mer, afin d'obtenir la quantité d'eau indispensable au lavage (10 m^3/tonne ou 2 000 m^3/heures). Dans cette laverie, fonctionnent deux chaînes de traitement en parallèle, alimentées par des convoyeurs à 100 tonnes/heure et qui partent de la trémie Hanrez. Ces chaînes sont équipées de cylindres tournants débourbeurs du type Humboldt, qui éliminent les grains supérieurs à 3 mm, pauvres en phosphates. Des appareils Escher-Wyss sont chargés de l'élimination de l'eau de traitement par essorage. Les deux chaînes sont également munies de fours sécheurs du type Pecquet et Tesson, par lesquels passe le minerai débourbé qui en sort sec. Ce minerai marchand sec passe sur des cribles vibrants et la partie supérieure à 300 microns, contenant des oxydes de fer et d'alumine (féral), est enrichie sur des séparateurs électro-magnétiques du type Humboldt.

Des convoyeurs transportent les concentrés marchands de la laverie jusqu'aux hangars capables de stocker 60 000 tonnes de phosphates. Ces hangars sont construits par les Entreprises du Bénin.

Sur ce centre sont disposés deux réservoirs. L'un, de 3 500 m^3, pour le fuel, alimente la centrale et l'autre, de 5 000 m^3, pour le Bunker C (fours sécheurs).

En dehors de ces principales installations, il est important de signaler l'existence d'autres qui leur sont étroitement liées. Ce sont :

- une centrale diesel comprenant quatre moteurs diesel MAN de 2 100 ch x 4 = 8 400 ch. Elle pourvoit aux besoins énergétiques de la mine à Hahotoé (engins de découverture et d'extraction, ateliers, éclairage) et du centre (laverie, pompe, ateliers, garages, magasins, cités) et de l'embarquement (convoyeurs et machines de chargement). Ce qui suppose l'établissement d'une ligne haute tension entre Kpémé et Hahotoé.
- les ateliers, garages, magasins dont l'installation permet de subvenir à l'entretien et à la réparation de tout matériel électromagnétique en fonctionnement.
- les services centraux (administration, études, dessins, laboratoire d'analyse) sont concentrés dans un magnifique bâtiment. Tout près est construite une infirmerie pour les travailleurs.
- la cité comprend un immeuble collectif à trois étages et 30 logements, plusieurs villas pour le directeur et les ingénieurs. D'autres logements sont construits pour la main-d'œuvre de maîtrise togolaise. Les maîtres d'œuvre sont la Société Travaux d'Afrique, les entreprises Clarence Olympio et la Nouvelle entreprise du Togo (NET) pour l'ensemble et l'entreprise ENGA pour l'immeuble collectif. Cette cité comporte aussi un club avec un restaurant, des terrains de sport comme le football, le volley-ball et le tennis[142].

Ce principal établissement, avec ses différentes composantes, est édifié dans les délais requis, à l'exception du club et des terrains de sport. La société concessionnaire a quand

[142] Nous n'avons pas disposé d'informations pour établir des faits concernant la mise en place des installations du centre industriel dans le temps. Nous devons donc à J. Colomna-Cimera (1961 : 46-54) ces renseignements qui ont permis de signaler leur implantation définitive.

même respecté certaines clauses régissant l'adjudication, en élevant des constructions avec des matériaux résistants.

En même temps que la SMB entreprend des démarches afin d'acquérir un domaine pour asseoir son établissement industriel dans lequel doit s'achever la transformation du minerai brut en phosphate marchand, elle se soucie également du système d'embarquement de ses productions et de débarquement des produits indispensables au bon fonctionnement de l'usine.

5.2. Les installations portuaires

La construction et l'exploitation de ces installations entraînent, évidemment, l'intervention de l'administration.

5.2.1. Les modalités de construction et d'exploitation

Ces modalités sont, comme pour la concession territoriale de Kpémé, consacrées par des cahiers des charges que l'administration confectionne, suite aux demandes formulées par la SMB. Il s'agit, en fait, de deux projets : l'un pour les installations portuaires et annexes, l'autre pour l'occupation du domaine maritime public. La SMB, pour sa part, en propose d'autres. Les deux parties, au terme de négociations ponctuées d'intrigues, s'accordent sur des cahiers des charges définitifs.

En ce qui concerne le premier projet de cahier des charges, le permissionnaire réussit à insérer certaines modifications, comme l'élimination des règlements administratifs contraignants avant le décret de notification et l'exclusion d'un retrait d'autorisation qui doit l'obliger à emprunter un port éventuel. Ces négociations se déroulent avant l'installation du gouvernement de la République autonome. Celui-ci, après son entrée en fonction, ne fait qu'approuver les arrêtés d'application rendus nécessaires. Le secrétaire général du gouvernement, Rigal, trempe dans cette affaire[143].

[143] Maurice Gingembre précise que ces observations devaient être, aisément, insérées sans aucune désapprobation de l'ATT qui s'en remet à Rigal, pour les

Ce cahier des charges précise les clauses relatives à l'exécution des travaux et à l'entretien, à l'exploitation, au retrait et à la durée de l'autorisation. Il prescrit aussi des dispositions concernant les redevances, la soumission et les contestations éventuelles. Ainsi, le permissionnaire est tenu de soumettre les plans, dessins et mémoires explicatifs à l'administration qui dispose d'un délai de 30 jours pour approuver ces documents ou pour formuler des observations[144].

Le permissionnaire a, à sa charge, l'installation, la fourniture d'électricité nécessaire à l'alimentation des feux de phare. Il doit, en outre, construire et entretenir des locaux indispensables au fonctionnement des services des douanes, de la police et de l'inscription maritime[145]. Cette mesure fait partie de ses obligations lors de la signature de la convention d'établissement. Il peut, sur sa demande, utiliser des installations pour la prise d'eau en mer, pour la manutention en vrac, pour l'embarquement ou le débarquement des produits liquides comme des carburants et des huiles alimentaires ou industrielles. Dans ce cas, il doit payer une redevance[146].

La durée de l'autorisation est fonction de celle de l'ensemble des concessions minières obtenues par la SMB, pour l'exploitation des phosphates. Cette durée est renouvelable dans les mêmes conditions que les concessions. Le non-respect des obligations occasionnerait le retrait de l'autorisation. Au titre de cette autorisation, le permissionnaire est dispensé de toute

---

questions d'ordre technique. Archives non classées de la CTMB, lettre de M. Gingembre, du 30 août 1956, au bureau de Paris.

[144] Archives non classées de la CTMB, article 2 du cahier des charges pour la construction et l'exploitation des installations portuaires.

[145] Article 4 du cahier des charges pour la construction et l'exploitation des installations portuaires. Archives non classées de la CTMB. Mais J. Houyvet émet des réserves en ce qui concerne l'acceptation de cette clause dans une lettre, écrite le 29 mai 1957, au directeur général de la SMB. Dans cette lettre, il informe son supérieur que la société des Bauxites de Guinée a refusé d'héberger un gendarme. C'est par indulgence, écrit-il, qu'elle lui a loué une chambre (Labante, 2002 : 79).

[146] L'article 9 du cahier des charges pour la construction et l'exploitation des installations portuaires.

redevance, mais doit souscrire à une soumission portant l'acceptation des conditions auxquelles sont soumises ses installations du point de vue des règlements douaniers[147].

Enfin, après notification de l'approbation de ce cahier, le permissionnaire doit, à sa charge, remettre à l'administration trois exemplaires imprimés. Les contestations, soulevées par l'application de ce cahier, doivent être réglées par voie contentieuse, comme en matière de travaux publics. Le contrôle des travaux doit être assuré par le chef de service des travaux publics[148].

Pour être autorisée à mettre en place ces installations, la SMB souscrit à la soumission le 18 septembre 1956. C'est alors que le gouvernement prend le décret n° 56-5 du 16 novembre 1956 autorisant la construction et l'exploitation de ces installations (mais le décret n'est pas encore approuvé ni publié au Journal officiel). Entre-temps, la SMB pose un acte qui frise la tentative de corruption. Elle contacte Michel Folly, membre désigné du conseil de gouvernement, chargé des travaux publics et transports, qui promet de faire le « nécessaire » (Labante, 2002 : 80).

Ce n'est qu'après approbation expresse du cahier des charges par la SMB, le 25 novembre 1956, que le décret n° 56-5 du 16 novembre 1956 est publié, le 16 décembre 1956. Se conformant aux dispositions de ce cahier, elle en retourne les trois exemplaires au Premier ministre, le 28 décembre 1956.

Quant au second projet du cahier des charges, il est soumis, après son élaboration, à divers services comme les Finances, les Douanes et les Domaines, en vue de recueillir leur avis. Seul le chef de service des douanes formule certaines remarques. D'après celui-ci, la concession d'une partie du domaine public doit être soumise aux conditions douanières régissant toute exploitation portuaire. Il trouve aussi que le roulage public à

---

147 Archives non classées de la CTMB, articles 14 et 15 du cahier des charges pour la construction et l'exploitation des installations portuaires.

148 Archives non classées de la CTMB, articles 17 et 19 du cahier des charges pour la construction et l'exploitation des installations portuaires.

travers ces installations est incompatible avec le contrôle douanier[149]. Ces remarques ont été prises en compte.

Pour ce qui est de ce projet de cahier des charges, la société permissionnaire ne réussit pas à changer grand-chose. Le décret n° 56-6 du 16 novembre 1956 n'est pris que suite à la soumission présentée, le 20 septembre 1956, par Maurice Gingembre[150]. Aux termes de cette soumission, le signataire s'engage à payer au bureau des Domaines, en plus des droits de timbre et d'enregistrement du décret d'autorisation, les frais de bornage et de levée du plan, les redevances prévues au cahier des charges. Il accepte, en outre, d'observer les clauses et les conditions de la concession et, enfin, de supporter tous les impôts, notamment l'impôt foncier.

Après approbation de ce cahier par la société, le décret n° 56-6 du 16 novembre 1956 est aussi publié au Journal officiel. Ce décret concède à la SMB une superficie de trois hectares trente et un ares, sise entre Porto Séguro (Agbodrafo actuellement) et Gunkopé sur le rivage de l'océan Atlantique, dans la zone domaniale des 100 mètres à compter de la limite des plus hautes marées[151]. L'entreprise obtient aussi le droit d'occuper une bande de 1500 mètres de long et 10 mètres de large. Cette portion de terre relie les installations portuaires à la concession de Kpémé. C'est donc sur l'étendue de cette parcelle que la SMB érige ses installations portuaires, dont le type choisi est le wharf.

---

[149] Archives non classées de la CTMB, lettre du chef de service des douanes au secrétaire général du gouvernement du Togo, en date du 5 septembre 1956.

[150] Toutefois, le directeur général de la société, René Saint-Guilhem, n'est pas du même avis que Maurice Gingembre à propos de cette soumission. Pour ce faire, il en suggère une autre qui n'est pas acceptée. Est-ce à dire que le directeur général n'a pas été consulté avant la prise de cette décision ? Pourtant, c'est lui qui a donné à son collaborateur tous les pouvoirs, le 25 juillet 1956, pour qu'il obtienne l'autorisation de construction et d'exploitation des installations portuaires (Labante, 2002 : 81).

[151] Article 1er du décret n° 56-6 du 16 novembre 1956, JORAT du 2 janvier 1957, pp. 87-89.

Pour des raisons d'occupation du domaine maritime public, le permissionnaire doit s'acquitter des redevances prescrites dans les articles 17 et 18 du cahier des charges. Ce sont :

- Une redevance superficiaire annuelle s'élevant à 1 franc CFA le mètre carré. Elle correspond à l'emprise du domaine public et est exigible à compter de la notification du cahier des charges. Elle est variable selon l'extension ou la diminution de l'emprise et révisable tous les 5 ans.
- Une redevance d'embarquement des phosphates dont le montant est de 5 francs CFA la tonne.
- Une redevance de débarquement des produits pétroliers dont la valeur était de 50 F CFA la tonne.
- Une redevance sur les produits de toute autre nature (autre que le minerai de phosphate et les produits pétroliers débarqués ou embarqués). Son montant est fixé à 100 francs CFA la tonne.

Les trois dernières redevances ne doivent être perçues qu'au début de l'exploitation. Pour les années calendaires, ces taux sont affectés du coefficient K = F/ Fo[152].

Bien plus tard, les conditions de perception de ces redevances sont fixées par le décret n° 62-59 du 20 avril 1962[153]. Suivant ces dispositions, la redevance superficiaire est liquidée par le receveur des Domaines avant le 15 mars de chaque année, tandis que les autres redevances sont versées au service des douanes dans le même délai. Aussi, la loi n° 64-19 du 29 juillet 1964, modifiant la loi des finances pour l'exercice 1964, apporte-t-elle des amendements aux articles 17 et 18 du

[152] Fo est la moyenne pondérée par rapport aux quantités, pour une tonne de minerais de phosphate et pendant l'année de référence (1962 de la valeur fob). Suivant le calcul du service des douanes, elle est calculée sur la moyenne des 200 000 premières tonnes de phosphates. F est la même moyenne pour l'année considérée. K a une valeur variable. Par exemple, en 1966, il est de 1,177.

[153] JORT du 1er mai 1962, p. 355.

cahier des charges annexé au décret n° 56-6 du 16 novembre 1956. Cette loi dispose en son article 2 :

> « Pour les navires touchant le wharf de Kpémé, le taux du droit de phare, institué par l'arrêté n° 762 du 15 décembre 1933, est fixé à 7,50 francs CFA par tonneau de jauge net à compter du 1er janvier 1964. Il est révisable annuellement par application du coefficient K mentionné au paragraphe (b) de l'article 18 du cahier des charges susvisé, l'année de référence étant l'année 1962. »

En son article 3, les dispositions suivantes sont prises :

> « redevance superficiaire : le taux de la redevance superficiaire est porté à 2 francs CFA à compter du 1er janvier 1964. Ce taux est révisable annuellement par application du coefficient K mentionné au paragraphe (b), l'année de référence étant l'année 1962 »[154].

Du reste, à l'issue des jeux de dupes, les cahiers des charges, régissant les travaux d'installations portuaires sur le domaine maritime public, ont été élaborés et adoptés. Dès lors, la SMB entreprend des négociations en vue de la construction d'un wharf avec des équipements connexes.

5.2.2. La construction du wharf et de ses infrastructures annexes

Le 31 août 1958, l'administrateur délégué, Max Robert, passe avec la société De Long un contrat d'études concernant la recherche de la solution la plus économique, l'établissement et la remise de tous les plans, la consultation de tous les fournisseurs. La proposition de prix global, selon cet accord, ne doit pas être supérieure à la contre-valeur de 109 millions métropolitains[155]. Après plusieurs consultations, les travaux commencent.

A cause du phénomène de la barre, la solution adoptée est du type wharf atteignant des fonds de 13 m avec une longueur de 1

---

[154] JORT du 29 juillet 1964, p. 525.

[155] Archives non classées de la CTMB, délibération de l'Assemblée générale extraordinaire du 28 octobre 1958.

200 mètres. Ce wharf est essentiellement composé de 60 éléments de tablier en charpente métallique de 30 à 36 m de portée, d'un îlot artificiel sur l'axe du wharf à 400 mètres du rivage avec salle des pompes et deux grues de manutention, d'un îlot de distribution au bord du wharf à 1 200 mètres de la côte et de deux îlots de chargement placés en biais, à l'extrémité du wharf. Ce wharf peut recevoir des minéraliers de 20 000 tonnes et les charger de 2 000 tonnes par heure.

Tous ces éléments ont été préfabriqués en France et chargés sur des îlots artificiels qui ont fonctionné comme éléments de transport, de la France au Togo. Leur mise en place a été assurée par l'association De Long-Hersent, grâce à une barge atelier qui est entrée en activité au mois de mai 1960. Celle-ci a procédé au battage des piles, à la pose des travées métalliques, à la pose des îlots et à la mise en place des appareils de chargement sur les îlots extrêmes. Les travaux de construction ont pris fin au cours du mois d'août 1961, avec un retard (Labante, 2002 : 83). C'est pourquoi la première expédition est différée au mois de septembre 1961.

Avant d'exporter, il faut, au préalable, extraire et traiter le minerai brut. Les installations de la mine, pour extraction des phosphates, doivent donc être mises en place.

5.3. L'équipement de la mine

C'est près du village de Hahotoé qu'est fixé le démarrage de l'exploitation. Les engins à gros débit se chargent de la découverture et de l'extraction du minerai. La découverture est assurée par la roue-pelle montée sur chenilles grâce à la combinaison de la sauterelle et de la remblayeuse Lubecker. L'excavateur à godets, type boom, s'occupe de l'extraction du minerai au rythme de 250 à 300 tonnes par heure. Ce minerai est transporté jusqu'à la station du chargement (des wagons) par des convoyeurs à bande de caoutchouc.

Avant de commencer à fonctionner, ces engins ont été montés au Togo. Ainsi, le montage de la roue-pelle est achevé le 27 mai 1961, celui de la remblayeuse le 31 juillet 1961 (Labante, 2002 : 83). Les techniciens allemands ont collaboré au montage de ces machines[156].

Par ailleurs, une fois extrait à Hahotoé, le minerai doit être acheminé au centre industriel pour y être enrichi.

5.4. Le transport du minerai brut

La laverie étant établie au bord de la mer, la CTMB opte pour le transport ferroviaire avec voie métrique identique à celle des chemins de fer du Togo. La distance de Hahotoé à Kpémé est de 22 km, avec deux trains ayant chacun une motrice Alsthom 48 tonnes, 720 ch diesel électriques et 24 wagons autodéchargeurs. La capacité de ces trains était de 600 tonnes.

A cause de la lagune, qui s'interpose entre Kpémé et Hahotoé, il a fallu construire un pont de 720 mètres. Ce pont, enjambant la lagune avec des piles intermédiaires qui plongent dans 30 et 35 mètres de vase, a été construit par la société Coignet-Togo. Les travaux du pont et de la voie ont commencé au début de 1960 et ont pris fin en septembre 1960. Il y a eu deux essais : le premier convoi vide est passé sur le pont en septembre 1960, alors que le premier train de minerai, d'une charge réduite de 300 tonnes, l'a traversé le 16 février 1961.

En somme, la société peut, déjà à la fin du mois d'août 1961, expédier des lots de phosphates marchands car tous les équipements indispensables ont été mis en place. Au demeurant, combien ces équipements, installations connexes et études ont-ils coûté ?

J. Colomna-Cimera, dans sa note publiée en 1961[157], au lendemain de la première expédition du phosphate marchand,

---

[156] Akakpo N'danou Richard, mécanicien d'engins de la CTMB à la retraite ; entretien à Hahotoé, le 21 octobre 2001.

[157] « Le démarrage de l'exploitation des phosphates du Bas-Togo », *Bulletin mensuel de la chambre de commerce, d'agriculture et d'industrie du Togo*, n°0028 du 10 décembre 1961, pp. 46-54. En fait, il est une erreur d'addition dans les calculs de J. Colomna-Cimera. Tous les investissements, sans fonds

fait une supputation de ces investissements en francs CFA. Il estime l'ensemble des investissements à 6 milliards de francs CFA dont :

- 600 millions pour les constructions annexes à Hahotoé et à Kpémé, de même que les prospections et études ;
- 650 millions pour l'équipement de la mine ;
- 500 millions pour le transport du minerai à la mer ;
- 700 millions pour l'usine d'enrichissement ;
- 100 millions pour les hangars de stockage ;
- 1 330 millions pour le wharf ;
- 130 millions pour les services annexes ;
- 370 millions pour les centres d'habitation ;

Soit 5 050 millions avec 950 millions représentant les intérêts intercalaires (intérêts réalisés sur les investissements avant le début de l'exploitation), fonds de trésorerie et dépenses diverses.

D'autres estimations existent, à l'instar de celle de la revue *Notes d'information et statistiques de la BCEAO*, n° 101 du mois d'octobre 1963, qui avance le chiffre de 6 300 millions. Mention doit être faite du montant de 6 145 millions, proposé par *Inventaire économique du Togo*, après enquête sur les établissements industriels du Togo en 1962-1963. Pour ma part, en faisant l'impasse sur la mise en garde de J. Suret-Canale (1987, I : 12), qui estime que les déclarations faites par les entreprises privées ne sont que tendancielles, je penche pour un montant de 6 312 millions de francs CFA, en me fondant sur le bilan de la société au 31 décembre 1961.

Cependant, pour éviter le formalisme des chiffres, il convient de dire que la CTMB a réalisé des investissements importants qui se montent à plus de 6 milliards de francs CFA.

---

de trésorerie et dépenses diverses, s'élèvent à 4 300 millions de francs CFA. Ce chiffre, ajouté à 950 millions, donne 5 250 millions de francs CFA.

La SMB puis la CTMB ont trouvé une solution adaptée aux problèmes d'enrichissement du minerai brut. En effet, le phosphate tricalcique du Togo a une teneur de 80 %, donc de première classe internationale puisque le Maroc et la Floride ne produisent que des qualités se situant entre 75 et 77 %.

De même, il a fallu résoudre des problèmes d'ordre législatif, financier et technique. En ce sens, l'année 1957 constitue un tournant décisif dans la mise en valeur des phosphates du Togo. En effet, elle est, d'abord, marquée par l'agrément de la société au régime spécialement conçu pour elle ainsi qu'au régime fiscal particulier des entreprises agréées. Elle est, ensuite, celle de la signature d'une convention d'établissement, qui fixe les conditions générales de l'exploitation des phosphates. Enfin, l'année 1957 marque le début de l'immobilisation des capitaux indispensables, grâce à l'appoint inestimable de la CCFOM et de certaines banques.

Sur ces bases, la SMB ou CTMB amorce la mise en place des équipements nécessaires au démarrage de ses activités, en se pliant aux exigences administratives d'occupation des terrains qui reçoivent ces infrastructures.

CONCLUSION DE LA DEUXIEME PARTIE

Il a fallu six ans d'efforts constants à la SMB/CTMB pour parvenir au bout du tunnel. Elle embrasse presque simultanément les travaux de prospection, les projets d'études et les questions de financement.

Déjà en 1956, les activités de prospection aboutissent à la détermination de la qualité des phosphates togolais, grâce aux études réalisées dans la laverie-pilote de Vokoutimé et à d'autres poursuivies dans les laboratoires européens. D'après ces résultats, les phosphates du Togo conviennent parfaitement à la fabrication des superphosphates et de l'acide phosphorique. Ces échos favorables incitent la société à solliciter les concessions minières qui lui sont accordées, le 5 avril 1957 et le 23 février 1959, pour une durée de 50 ans, renouvelable pour 25 ans. Avec l'octroi de ces concessions, il est plus qu'évident que le gisement de phosphates, concédé à la SMB, est en bonne passe d'être exploité.

Cependant, cette exploitation ne devient effective que si le concessionnaire vient à bout de certaines difficultés. Compte tenu de l'absence d'infrastructures adaptées sur le territoire du Togo, la société doit se charger de les créer. Evidemment, cela exige d'importants capitaux. La société, dans l'impossibilité de s'autofinancer, se tourne alors vers les bailleurs de fonds. La CCFOM finance presque l'ensemble de ces investissements avec d'autres établissements financiers et bancaires. Comme cela a été déjà souligné, l'année 1957 constitue un tournant décisif dans le processus de la mise en valeur du gisement de phosphates.

Ainsi, à partir de l'année 1959 commencent les travaux d'installation des équipements. Ces différents chantiers prennent fin dans le premier semestre de l'année 1961, à l'exception du wharf qui n'a pu être mis en service qu'en août 1961. D'une façon générale, ces travaux n'ont pas bouclé le délai franc qui leur est conféré. Ce qui traduit la ferme volonté des responsables de l'entreprise de faire aboutir le projet de mise en valeur de leur domaine minier. Au terme des opérations d'installation des équipements et infrastructures connexes, les investissements de la société se chiffrent à plus de 6 300 millions de francs CFA.

Enfin, il importe de rappeler que tous ces travaux se déroulent sous le contrôle réel de l'administration, qui ne manque pas de définir les obligations de la compagnie. Du reste, à compter d'août 1961, une nouvelle ère s'ouvre pour la CTMB.

TROISIEME PARTIE

LA CTMB, DE L'EXPLOITATION A LA NATIONALISATION (1961-1974)

INTRODUCTION DE LA TROISIEME PARTIE

La mise en place des équipements étant achevée, la CTMB est en mesure d'écouler ses productions sur le marché international. Cette activité n'est pas aisée, compte tenu de la concurrence serrée qui y règne. Mais la société peut compter sur la bonne qualité de ses phosphates. Ainsi, dès le 1er septembre 1961, elle réussit à expédier ses premiers lots de minerai marchand à destination du Japon. Par la suite, elle s'efforce d'étendre sa clientèle par le truchement de l'organisme chargé de la commercialisation de son produit.

En ce qui concerne le territoire du Togo, où la CTMB élit domicile, il est déjà, le 27 avril 1960, un Etat souverain. C'est toujours Sylvanus Olympio, aux affaires depuis mai 1958, qui a l'honneur de suivre les balbutiements de cette entreprise. Après 3 ans de direction du pays, il est assassiné lors d'un coup d'Etat militaire, le 13 janvier 1963. Les putschistes confient alors le pouvoir à Nicolas Grunitzky. Toujours insatisfaite de la gestion du pouvoir, l'armée intervient à deux reprises : une fois en janvier 1967 et la seconde fois, de façon décisive, le 14 avril 1967. C'est sur cette évolution politique du Togo qu'est calqué le fonctionnement de la société jusqu'à sa nationalisation le 4 février 1974. Les relations entre la CTMB et ces différents régimes ont-elles été sans heurts ?

Dans l'ensemble, ces treize années comportent deux phases : une au cours de laquelle la société jouit d'une relative stabilité fiscale (1961-1967), et une autre où cet équilibre est bouleversé (1968-1974).

CHAPITRE V

LA CTMB DE 1961 A 1967 OU LA PERIODE DE STABILITE FISCALE

Au cours de cette période, l'insertion de la jeune industrie sur l'échiquier mondial, de même que l'accroissement de sa production constituent les premières préoccupations de ses responsables. Sur le plan fiscal, l'ancien régime des investissements, qui remonte au 11 septembre 1957, continue à être appliqué à la compagnie, bien que soit promulgué un code moderne des investissements en 1965.

1. Le potentiel humain de l'entreprise

La viabilité d'une entreprise est, en partie, déterminée par les ressources humaines dont elle dispose pour réaliser ses activités. Ainsi, dès 1955, la SMB a recruté une main-d'œuvre avec laquelle elle a effectué les travaux de prospection ainsi que ceux d'installation des infrastructures. Il est évident que la majorité de cette main-d'œuvre est constituée de personnes qui n'ont aucune qualification professionnelle. Elle accomplit les tâches sous la direction de techniciens européens.

Ce personnel se répartit selon les besoins des deux établissements de la compagnie. A Kpémé, en dehors du directeur de l'exploitation, l'on dénombre 43 agents (état-major et maîtrise) et 500 agents ouvriers spécialisés et main-d'œuvre d'exécution (Colomna-Cimera, 1961 : 53). Ces 543 agents travaillent dans six sections : le laboratoire d'analyse et de contrôle et le secrétariat, l'administration, l'électromécanique, la fabrication, l'embarquement et l'infirmerie.

A Hahotoé, le personnel nécessaire comprend 14 Européens et environ 150 citoyens togolais (manœuvres). Ces 164 personnes sont réparties dans les sections suivantes : la topographie, les puits de préparation des chantiers, le secrétariat, l'extraction, les convoyeurs, l'entretien électromécanique et l'infirmerie.

Le personnel de Hahotoé, au début, n'est pas aussi important que celui de Kpémé, soit 164 personnes par rapport à 543. Sur 707 employés qui représentent l'effectif total du personnel, il y a 57 agents (de l'état major et de maîtrise) et 650 pour le reste (main-d'œuvre spécialisée et d'exécution, et manœuvres). Mais tout porte à croire que l'effectif des manœuvres va être réduit avec la fin des travaux d'installation. Ainsi, au 31 décembre 1962, l'effectif des salariés permanent est passé de 707 à 626, avec une masse salariale de 131,6 millions de francs CFA[158].

Avec le temps, des efforts sont accomplis grâce à la politique de formation professionnelle que la CTMB a adoptée. Elle lui permet de perfectionner de nouvelles recrues. Au moyen de ce système, les effectifs du personnel s'accroissent, en relation aussi avec les besoins suscités par les motifs de productivité. Au cours des années 1964 et 1965, ils se chiffrent respectivement à 869 et à 1 032 travailleurs, qui perçoivent, au cours de la même période, une masse salariale de 255 millions de francs CFA (1964) et 335 millions de francs CFA (1965). Au même moment, la féculerie de Ganavé, avec treize ans d'activité, emploie 103 agents qui, au cours de l'année 1965, reçoivent un peu plus de 25,4 millions de francs CFA[159]. Par comparaison, il est clair que la CTMB constitue une affaire importante pour le Togo.

---

[158] *Inventaire économique du Togo 1962-1963*, pp. 92-93.
[159] *Inventaire économique du Togo 1965*, Statistiques industrielles.

En résumé, les ressources humaines de la CTMB, de son entrée en exploitation jusqu'en 1965, connaissent une avancée significative. Tous ces travailleurs conjuguent leurs énergies pour la production que l'entreprise doit exporter, afin de pouvoir les rétribuer.

2. Le premier chargement des phosphates togolais ou la réalisation d'un rêve séculaire

Les différentes recherches géologiques et minières, menées aussi bien pendant la colonisation allemande que sous l'administration française, mettent à jour diverses substances minérales, dont la chromite, l'or, le titane, le nickel, le fer et les phosphates. De toutes ces ressources, ce sont les phosphates du Bas-Togo qui font, en premier lieu, l'objet d'une exploitation adéquate. Celle-ci revêt une importance capitale pour le Togo dont le sous-sol recèle cette précieuse ressource depuis des siècles. C'est donc la concrétisation d'un rêve.

2.1. Les exportations des quatre derniers mois de 1961 et les pays acheteurs

Avant l'expédition des premiers tonnages, il a fallu réaliser des préliminaires indispensables. La découverture des morts-terrains de la première tranche d'exploitation commence le 30 novembre 1959. Dès le mois de février 1961, la couche est découverte et en mars, les tonnes de minerais de phosphate sont extraites.

En avril, l'usine de traitement effectue ses essais et le stock marchand est constitué en août, au maximum de sa capacité, soit 60 000 tonnes. Au cours de l'année 1961, qui n'est pas une année calendaire, la société produit 119 501 tonnes de minerai marchand.

Sur cette production globale, 56 918 tonnes ont pu être écoulées. Le 1er septembre 1961, le navire « S/C Hawaï », appartenant à la société japonaise Mitsui Bussan Kaisha ltd, appareille avec un chargement de 16 920 tonnes de minerai marchand. Le reste se répartit ainsi :

- France : 17 713 tonnes
- USA : 10 221 tonnes
- Danemark : 6 214 tonnes
- RFA : 3 450 tonnes
- Espagne : 2 400 tonnes[160].

La quantité expédiée vers la France est, de loin, la plus importante. Cela peut s'expliquer par l'identité des actionnaires majoritaires. En effet, étant français, il leur est plus facile de négocier avec leurs concitoyens. D'ailleurs, le siège administratif et la structure commerciale de l'entreprise sont basés à Paris.

En vue d'encourager la CTMB, d'une part, et d'insuffler une bonne coopération entre le gouvernement et cette entreprise, d'autre part, le président Olympio accepte d'inaugurer les installations phosphatières.

2.2. La mise en service officielle de l'usine d'exploitation des phosphates

Sur invitation du président du Conseil d'administration de la CTMB, Paul Gingembre, et de son Conseil d'administration, le président Olympio procède, le 6 novembre 1961, à l'inauguration de l'ensemble intégré de cette entreprise[161]. Après une visite au centre industriel, le cortège présidentiel se rend en train spécial à la carrière de Hahotoé, puis revient à Kpémé pour un banquet. A Kpémé, la délégation présidentielle assiste aux manœuvres de déchargement automatique des wagons, le long d'une estacade en béton, alors qu'à Hahotoé

[160] Archives non classées de la CTMB, rapport du conseil d'administration sur l'exercice 1961 au cours de l'Assemblée générale ordinaire du 29 juin 1962.
[161] *Bulletin quotidien d'information* du 7 novembre 1961, p. 2.

elle a suivi l'extraction de la couche de phosphate, le transport du minerai sur le chantier et du chantier à Kpémé[162].

Avant le banquet, le président du conseil d'administration de la compagnie prend la parole pour souhaiter la cordiale bienvenue à son hôte de marque, ainsi qu'à la délégation qui l'accompagne. Dans son intervention, il insiste sur le fait que le succès de toute entreprise industrielle dépend de l'extension rapide de ses débouchés commerciaux. Pour ce faire, il signifie au chef de l'exécutif togolais la nécessité de signer des accords commerciaux avec certains pays. En effet, la conclusion de vente avec certains Etats, hors de la zone franc, se heurte parfois à des difficultés de clearing[163].

En réponse au discours de Paul Gingembre, le premier responsable du Togo affiche un optimisme quant à l'avenir de la compagnie. Cette confiance en l'issue favorable est clairement exprimée dans son discours mensuel du 24 novembre 1961. Après avoir donné des détails sur cette industrie naissante et des perspectives qui s'ouvrent dans le domaine de la mise en valeur du sous-sol togolais, Sylvanus Olympio estime que l'exploitation du gisement de phosphates constitue la preuve que l'on peut réaliser de grandes choses au Togo et peut servir d'exemple pour l'installation de nouvelles entreprises, génératrices, comme celle des phosphates, de

- rentrées financières en devises,
- rentrées fiscales directes pour le budget,
- rentrées fiscales directes et indirectes très importantes provenant des salaires distribués et de la puissance d'achat du personnel employé[164].

---

162 Allocution mensuelle du président de la République togolaise (vendredi 24 novembre 1961), *Bulletin mensuel de la Chambre de commerce, d'agriculture et d'industrie du Togo*, p. 5.

163 *Bulletin quotidien d'information* du 7 novembre 1961, p. 2.

164 Allocution mensuelle du président de la République togolaise (vendredi 24 novembre 1961), *Bulletin mensuel de la Chambre de commerce, d'agriculture et d'industrie du Togo*, p. 6.

A propos de la participation définitive du Togo au capital de l'entreprise, le président Olympio espère la compléter par tranches successives et progressivement. Le gouvernement préconise d'ailleurs une possibilité qui consiste à céder une certaine partie des actions qu'il détient aux citoyens togolais qui en exprimeraient le désir. C'est le début, poursuit-il, de la mobilisation de l'épargne togolaise pour la construction économique du pays, car malheureusement l'épargne s'est trouvée le plus souvent stérilisée par manque de champs d'action et surtout par manque d'exemples[165].

Néanmoins, la conjoncture de l'entreprise ne permet pas à la République togolaise d'achever sa participation[166]. Et hélas pour le premier président du Togo qui ne verra pas le développement de l'enfant dont il contribue à la gestation et à la naissance.

Par ailleurs, au moment où le président togolais procède à la mise en service officielle des installations de la CTMB, la compagnie des Bauxites de Midi, en République de Guinée, est dans de beaux draps. En effet, un décret présidentiel met, provisoirement, fin aux activités de cette société. Toutefois, celle-ci pourrait être autorisée à poursuivre ses travaux si elle se conformait aux obligations découlant de la convention dans un délai de trois mois[167]. Tout compte fait, la société concessionnaire est déchue, en 1962, pour refus d'exécuter les clauses de la convention d'établissement. Le projet est repris, en 1966, dans le cadre d'une compagnie mixte réunissant l'Etat guinéen à un consortium international de trusts aluminiers (Suret-Canale, 1987 : 250).

C'est dire que par rapport à la compagnie des Bauxites de Midi, la CTMB a respecté ses obligations contractuelles. De

---

[165] Allocution mensuelle du président de la République togolaise (vendredi 24 novembre 1961), *Bulletin mensuel de la Chambre de commerce, d'agriculture et d'industrie du Togo*, p. 7.

[166] « La CTMB, une affaire dynamique et florissante » , Togo-Presse, numéro spécial du 27 avril 1970.

[167] *Bulletin quotidien d'information* du 8 novembre 1961, p. 2.

même, la République du Togo n'a, à aucun moment, résolu les différends entre elle et son partenaire de façon énergique, avant le début de l'exploitation.

Produire des phosphates est une première étape, mais les vendre reste la tâche la plus ardue. Consciente de cette difficulté, la société prend ses précautions.

3. La commercialisation des phosphates togolais

L'Union phosphatière africaine est l'organisme chargé de la commercialisation du phosphate produit par la CTMB. Cet organisme a pris officiellement naissance le 1er janvier 1961 et regroupe l'Algérie, la Tunisie, le Togo et le Sénégal. Au moment de sa création a été officiellement dressé l'acte de décès du Comptoir nord-africain des phosphates, dont la disparition était déjà annoncée en 1959. En effet, le Maroc a, dès le 31 décembre 1958, de l'association, dénoncé son contrat et annoncé son retrait du Comptoir.

Le Maroc en a donné les raisons suivantes :

1. Il se refusait à se soumettre à la clause de « contravention » qui frappait tout membre du groupe ayant dépassé le quantum de vente qui lui était fixé ainsi qu'à chacun des pays adhérents. Or, le Maroc a, pour l'année 1958, été mis à l'amende pour une somme de 79 millions sur une vente de 3 milliards (d'anciens francs).

2. Le Maroc désirait augmenter sa production, déjà de l'ordre de 4 millions de tonnes, ce qui aurait eu pour conséquence d'accroître encore le montant de ses pénalisations.

La menace annoncée d'une augmentation brutale de la production (il s'agissait de 2 millions de tonnes supplémentaires) risquait de porter un coup dangereux sinon fatal à la Tunisie plus particulièrement, dont les produits sont d'une teneur bien moins riche. Des négociations ont été engagées, mais le Maroc est resté intransigeant. Il était donc absent dans la nouvelle Union phosphatière africaine. Parmi les premiers administrateurs de cet organisme, figurent les

Phosphates de Constantine et la Société des phosphates tunisiens[168].

Quoi qu'il en soit, en vue de permettre à l'UPHA de jouer pleinement et efficacement son rôle, la CTMB contribue à l'achat du bail qu'il a contracté à Paris, à l'aménagement de ses locaux et à la constitution du fonds de trésorerie nécessaire à son fonctionnement[169]. Concrètement, sa tâche consiste à négocier des contrats d'achat avec les clients. En d'autres termes, tout acheteur de phosphates du Togo ne s'adresse pas directement à la société productrice. Mais le travail de cet organisme au profit de la CTMB n'est pas aisé du fait de la concurrence des phosphates de l'Afrique du Nord, qui, eux, jouissent d'une bonne situation géographique par rapport aux consommateurs européens. En fait, la position géographique du Togo, sur l'échiquier des circuits phosphatiers (Maroc-Floride), constitue un handicap à cause des surfrets.

En dépit de ce frein et grâce à l'excellente qualité du produit de la CTMB, l'UPHA réussit à le promouvoir sur différents continents. Ces efforts ont pour corollaire l'élargissement de l'éventail des clients. Déjà en 1964, l'on peut compter, en plus des premiers clients (France, Japon, USA, Allemagne, Italie, Brésil et Belgique), de nouveaux destinataires des expéditions, comme les Pays-Bas, la Norvège, la Nouvelle-Zélande, l'Australie et l'Uruguay[170]. Le travail de l'UPHA est appréciable, à un haut point, dans la bonne marche de la compagnie.

La réussite d'une entreprise n'est pas seulement redevable à l'extension de sa clientèle. Elle dépend aussi de sa productivité. C'est pourquoi la CTMB, en 1965, décide de mettre en place une troisième chaîne de production, afin d'être plus compétitive.

---

168 Cf. *Chronique des mines et de la recherche minière*, n° 296, mars 1961, p. II.

169 Archives non classées de la CTMB, rapport des commissaires aux comptes sur l'exercice 1961 au cours de l'Assemblée générale ordinaire du 29 juin 1962.

170 *Notes d'informations et statistiques* (NIS)-BCEAO, n° 109/110, l'Economie togolaise - situation du 30 avril 1964.

4. L'installation de la troisième chaîne, témoin de la rentabilité des phosphates ?

En 1961, la CTMB démarre ses activités avec deux chaînes d'enrichissement, capables de traiter 100 tonnes de phosphates à l'heure. Mais, quatre ans plus tard, afin de pouvoir honorer les commandes de ses clients, de plus en plus nombreux, la société décide d'accroître ses capacités de production par l'installation d'une troisième chaîne.

4.1. La conjoncture mondiale des phosphates en 1964/1965

En 1964 et 1965, les phosphates bénéficient de très bonnes conditions de vente qui sont, largement, mises à profit par les sociétés productrices. Ainsi, en 1965, au Togo, les phosphates prennent la tête des produits d'exportation (tableau n°6). Pour ce qui est du Sénégal, la CSPT peut atténuer les difficultés de placement qu'elle connaît au cours des exercices antérieurs. Sa situation s'améliore nettement et les exportations reprennent leur progression. Cette conjoncture favorable est due à la reprise du marché des engrais[171].

Tableau n°6 : Evolution de la part des phosphates dans la valeur totale des exportations des trois importants produits de 1961 à 1965

Années / Produits	1961	1962	1963	1964	10 mois de 1965
Café	27	46,1	17,8	33,9	23,0
Cacao	27,9	27,9	26,1	21,9	26,7
Phosphates	3,4	11,5	23,1	26,2	30,2

Source : Notes d'information et statistiques-BCEAO, n° 126, février 1966 : Economie togolaise, situation au 30 septembre 1965.

[171] *Notes d'information et statistiques* (NIS)-BCEAO, n°126, février 1966, Conjoncture des matières premières.

D'une part modique de 3,4 % au début de l'exploitation, les phosphates représentent, quatre ans après, 30,2 % dans la valeur totale des exportations des trois plus importants produits togolais, soit 8 fois plus qu'au début de l'exploitation. Ils supplantent donc les produits traditionnels, que constituent le café et le cacao. Pour les 10 mois de l'année 1965, les phosphates font rentrer sur le territoire togolais 1 300 millions de devises fortes, contre 1 248 millions pour le cacao et 156 millions pour le café.

Par ailleurs, cette ascendance des phosphates sur les autres produits dans les exportations togolaises, dès 1965, est continue jusqu'en 1969 où ils chutent, pour reprendre en 1972.

Comptant sur ces belles perspectives, la CTMB négocie des financements pour la mise en place d'une troisième chaîne.

4.2. Le président Grunitzky associé à l'événement

Installée au mois de juillet, cette chaîne est inaugurée, le 27 novembre 1965, par Nicolas Grunitzky, qui, entre-temps, prend les leviers de commande du pouvoir après le putsch du 13 janvier 1963. Le coût de cette troisième chaîne porte l'ensemble des investissements, réalisés par la CTMB, à 8 milliards de francs CFA. En fait, le chef de l'Etat se sent à l'aise, d'autant qu'il est l'un des artisans de la mise en valeur du gisement des phosphates. En cette occasion, il doit se remémorer la signature de la convention du 12 septembre 1957.

Aussi, la construction de cette chaîne est-elle la preuve indéniable de la volonté de la compagnie de s'acquitter de ses engagements contractuels, qu'elle a acceptés, conformément au texte de la convention de « longue durée » : l'installation de nouveaux équipements, compte tenu des conditions de vente, pour atteindre une production annuelle marchande d'un million ou d'un million deux cent mille tonnes.

Dans une longue intervention, au cours de la cérémonie d'inauguration, Paul Gingembre, toujours président du conseil d'administration, ne tarit pas d'éloges à l'égard du premier magistrat du Togo, dont le sens des responsabilités contribue à la résolution des problèmes administratifs et juridiques qui aboutit à la convention du 12 septembre 1957. C'est ainsi qu'il exprime :

> « Rien de tout cela, Monsieur le Président, n'eût été possible sans la largeur de vue avec laquelle vous avez conçu votre politique économique. Faut-il rappeler que la législation togolaise, sous votre premier gouvernement, donna l'exemple de la création des conditions de stabilité indispensables aux vastes projets d'investissements, que la convention fut le premier texte de ce genre approuvé par un gouvernement et un parlement africains et devait inspirer la plupart de ceux qui sont intervenus par la suite dans d'autres Etats... »[172]

Ces propos, méticuleusement choisis, sont caractéristiques d'un prototype de capitaliste qui, soucieux de la sauvegarde de ses intérêts, n'hésite pas à user d'arguties.

En fin de discours, Paul Gingembre annonce l'accroissement de la part de la République du Togo. Cette décision fait suite à la demande formulée, en ce sens, par le gouvernement du Togo. Les circonstances s'y prêtent, car l'entreprise commence à réaliser des profits. La participation togolaise, dans le capital de la CTMB, passe de 1,9 à 19,9 %, par cession de 107 790 actions à compter d'avril 1966[173].

L'Etat togolais boucle donc sa part dans le capital de l'entreprise, c'est-à-dire qu'il ne peut plus souscrire à des actions émises par la compagnie, ni acquérir de titres d'un tiers qui auraient pour effet d'excéder le taux de 19,9 %. Ainsi, Nicolas Grunitzky prend sa revanche, c'est une manière pour lui de rattraper l'histoire.

---

[172] Cf. ces extraits de discours dans *Togo-Presse*, n° 1009 du 29 novembre 1965, pp. 4-5.

[173] En fait, ces actions sont émises au profit du Togo. Mais il n'a pas pu y souscrire. Alors la CCCE émet un emprunt obligataire à son profit, le 21 mars 1966. Le 22 avril 1966, ces actions lui sont rétrocédées. C'est pourquoi j'utilise le terme de cession plutôt que celui de souscription. En fait, c'est une souscription, mais qui n'est pas directe.

Dans sa réponse, le président de la République remercie les responsables de la CTMB pour la cession amiable des actions. Il se réjouit, en outre, de ce que les bénéfices tirés de cette opération soient, à coup sûr, utiles pour le financement d'une partie des investissements nécessités par la mise en œuvre du premier plan quinquennal (1966 -1970).

Enfin, au nom du Togo, le président Grunitzky rend hommage à la CTMB, en distinguant, dans l'ordre national, quatre personnalités de ladite entreprise. En effet, Claude Gabriel et Jacques Houyvet, respectivement directeur de l'exploitation et chef des services administratifs de la CTMB, sont élevés, dans l'Ordre du Mono, au grade d'officier. Les deux autres, Gilbert Ekué, chargé des opérations d'indemnisations des populations locales, et Benoît Afangbédji, chargé des relations avec les populations locales à Hahotoé, sont faits chevaliers[174].

Du reste, il n'est pas sans intérêt de faire le point des activités de la CTMB au cours de la période où elle jouit d'une relative stabilité fiscale.

5. Activités productrice et commerciale de la CTMB de 1961 à 1967

De 1961 à 1966, le bilan global de la production de l'entreprise, ainsi que celui du mouvement des exportations se présentent comme suit :

[174] *Togo-Presse*, n° 1009 du 29 novembre 1965, p. 5.

Tableau n°7 : Productions et livraisons de la CTMB de 1961 à 1966 (en tonnes)

Années	Productions annuelles	Embarquements annuels	Ventes locales
1961	119 501	56 918	-
1962	191 705	119 448	8
1963	501 585	476 237	22
1964	752 442	778 237	10
1965	973 635	981 767	-
1966	1 145 574	1 111 307	16
1967	1 139 396	1 123 276	20

Source : Labante (2002 : 96)

Il résulte de ce tableau que la production de la compagnie, de 1961 à 1967, connaît une progression sensible. Déjà en 1963, elle atteint le tonnage minimal que l'entreprise s'est fixé au début, c'est-à-dire 500 000 tonnes. En 1965, cette production avoisine le million de tonnes. Aussi, la mise en place de la troisième chaîne commence-t-elle à se traduire de façon perceptible.

La production de la CTMB s'accompagne d'un rythme appréciable des livraisons, qui passent de 56 918 tonnes, en 1961, à 1 111 307 tonnes, en 1966, soit une multiplication de 19 fois. Ce mouvement dénote l'efficacité de la tâche qu'accomplit l'UPHA, maison de commerce parisienne qui s'occupe également des ventes de la Tunisie et du Sénégal. En outre, la valeur des exportations de phosphates s'est également accrue, passant de moins de 200 millions de francs CFA en 1961 à 3,35 milliards de francs CFA en 1966 (FMI, 1970 : 639). Cependant, les ventes intérieures sont demeurées très faibles. Ce qui n'est pas surprenant quand on sait qu'il n'y a pas d'unité industrielle utilisant les phosphates comme matière première au Togo, du moins en quantités importantes.

En résumé, la compagnie, de 1961 à 1967, est en train de réaliser son pari. Elle est donc en bonne posture.

Par ailleurs, la performance de la CTMB, par rapport à la CSPT, est remarquable à travers ses ventes de phosphates entre 1961 et 1964.

Tableau n° 8 : Evolution comparée des exportations de la CTMB et de la CSPT de 1961 à 1964 (en tonnes)

Années / Société	1961	1962	1963	1964
La CSPT	340 030	342 524	459 983	714 269
La CTMB	57 162	184 715	476 071	778 247

Source : Notes d'information et statistiques-BCEAO, n° 115, février 1965, p. 26

Au cours des années 1961 et 1962, les exportations de la CSPT sont plus élevées que celles de la CTMB. Mais, à partir de 1963, la CTMB prend sa revanche. On peut dire que la CTMB commence, à partir de ce moment, à devenir beaucoup plus viable que sa consœur du Sénégal.

Pendant les sept premières années de l'exploitation, les dirigeants de la CTMB réussissent à réaliser son assise sur le marché mondial. En plus de la progression de la production, l'on constate un élargissement, de même qu'une diversification des ventes. Cette réussite de l'entreprise est, en partie, imputable à l'efficience de l'UPHA, qui a su introduire le minerai togolais aux quatre coins de la planète.

Profitant de la situation particulièrement avantageuse des années 1964/1965, elle installe une troisième chaîne pour accroître sa rentabilité et pour pouvoir honorer ses engagements vis-à-vis de ses créanciers. Le Togo aussi décide de jouir des fruits de ce succès, en achevant la souscription de la part qui lui est attribuée aux termes de la convention du 12 septembre 1957. Déjà en 1966, la société peut produire et exporter plus d'un million de tonnes.

De l'ouverture de la mine jusqu'à 1966, dernière année où, en vertu des dispositions du code des investissements, la CTMB n'avait pas à payer d'impôts sur ses bénéfices, le Togo a tiré bien des avantages. Ainsi, sur le plan économique, cette grande entreprise constitue, grâce aux salaires distribués, aux achats effectués ou services demandés au Togo, une source d'activités induites très importante. En effet, la compagnie a dépensé au Togo, en 1964, plus de 500 millions de francs CFA, sans tenir compte des impôts et taxes. En outre, les exportations de phosphates togolais contribuent, pour une large part, à l'équilibre de la balance commerciale. Le phosphate entre pour 1 milliard 954 millions de francs CFA, soit 26,2 %, dans les exportations togolaises totales de 1964. Vendu dans le monde entier, il procure au Togo une source importante de devises autres que le franc français : 60 % des exportations sont à destination de zones autres que la zone franc[175].

Sur le plan social, malgré la mécanisation de toutes les opérations d'extraction, de traitement, de stockage et d'embarquement du minerai, la CTMB a créé au Togo plus de

---

[175] Cf. *Europe-France-Outremer*, n°432, janvier 1966, p. 47.

mille emplois nouveaux, soit près de 10 % de la totalité des emplois privés. Elle a également décidé de consacrer d'importants crédits à l'amélioration de la qualification de son personnel et à la préparation des agents de maîtrise. Les plans sanitaire et culturel ne sont pas négligés. En effet, la compagnie a créé deux dispensaires où des agents techniques qualifiés travaillent sous la direction de médecins qui ont organisé le contrôle médical systématique de son personnel. Elle subventionne des équipes sportives, a construit trois écoles et s'efforce de faciliter les loisirs par la construction de terrains de sport, l'organisation de séances cinématographiques, la constitution de bibliothèques. Enfin, l'adduction d'eau potable, au profit de l'important village d'Hahotoé, voisin de la mine, n'est pas la moindre ni la moins onéreuse contribution de la CTMB à l'amélioration de l'état sanitaire de la région[176].

Tout allait pour le mieux lorsqu'en 1967, se produisent deux coups de théâtre qui marquent profondément de leur sceau l'histoire du Togo. En effet, le gouvernement Grunitzky, en proie aux dissensions internes[177], est remplacé par un Comité de réconciliation nationale (CRN), dirigé par le colonel Kléber Dadjo. Mais, en l'espace de trois mois, ce comité est désavoué et le lieutenant-colonel Etienne Eyadéma, qui l'a institué, prend personnellement le pouvoir le 14 avril 1967. Malgré tout, les relations entre le nouveau régime et la CTMB restent bonnes jusqu'au 22 novembre 1968, date de la création de l'impôt sur le revenu des valeurs mobilières ou capitaux mobiliers (IRVM ou IRCM). C'est donc la fin de la stabilité fiscale dont bénéficie l'entreprise.

---

[176] *Europe-France-Outremer*, n°432, janvier 1966, p. 47

[177] Ce sont les évènements du 21 novembre 1966 qui voient la démission de plusieurs ministres du gouvernement. A partir de ce moment, Nicolas Grunitzky met fin aux fonctions de vice-président. Cette mesure ne fait que ressortir, au grand jour, l'incapacité du gouvernement Grunitzky, d'où la nécessité d'un Comité de réconciliation nationale (CRN). Dès lors, Etienne Eyadéma devient un homme incontournable dans la vie politique du Togo (Labante, 2008 : 163).

CHAPITRE VI

LA CTMB DANS LA TOURMENTE (1968-1974)

L'expansion de la CTMB se poursuit et se conforte. Ce qui explique sa prépondérance dans l'univers industriel togolais. Cependant, au même moment, elle doit lutter sur deux fronts. En effet, les nouvelles autorités en place le 14 avril 1967, après avoir mis fin à la stabilité fiscale de l'entreprise, cherchent également à s'associer plus étroitement à sa gestion. D'un autre côté, la compagnie se heurte à l'hostilité des populations de la zone où elle entreprend le projet d'exploitation d'un nouveau site. La CTMB est donc en mauvaise posture.

1. L'institution de l'impôt sur le revenu des valeurs mobilières ou capitaux mobiliers (IRVM ou IRCM)

Aux termes de l'ordonnance[178] n° 46 du 22 novembre 1968 portant loi de finances pour l'exercice 1969, l'Etat togolais institue l'impôt sur le revenu des valeurs mobilières ou capitaux mobiliers (IRVM ou IRCM). Jusqu'alors, les sociétés opérant

---

[178] Après avoir mis fin aux institutions de la 2e République et suspendu les activités des partis politiques le 13 mai 1967, le lieutenant-colonel Etienne Eyadéma peut, dans cette situation de confusion organique des pouvoirs d'Etat, décider à coups de décret, d'arrêtés et d'ordonnances dans toutes les matières touchant à la vie du pays (Toulabor, 1986 : 82-90). C'est donc pourquoi il est question d'ordonnance plutôt que de loi.

au Togo ne sont assujetties qu'aux impôts sur les bénéfices industriels et commerciaux, sur le revenu, sur les immeubles bâtis ou non bâtis.

De manière précise, d'après les dispositions de l'article 251 de ladite ordonnance, l'IRVM ou IRCM frappe toutes sociétés, compagnies et entreprises quelconques, financières, industrielles, commerciales ou civiles, quelle que soit leur forme, exerçant une activité au Togo[179].

1.1. Les obligations des sociétés imposées

Toutes ces sociétés disposent d'un délai de trois mois pour faire au bureau de l'enregistrement une déclaration précisant :

- l'objet, le siège et la durée de la société ou de l'entreprise,
- la date de l'acte constitutif et celle de l'enregistrement de cet acte,
- les nom, prénom, domicile des directeurs ou gérants,
- le nombre et le montant des titres émis avec distinction des actions, des obligations et les titres nominatifs des titres au porteur,
- pour les sociétés civiles, la nature et la valeur des biens mobiliers ou immobiliers constituant les apports, les droits attribués dans le partage des bénéfices et l'actif social, que ces droits soient ou non constatés par des titres délivrés aux ayants droit[180].

Ces documents doivent permettre de faire l'estimation des sociétés assujetties, de même que le montant global de l'impôt qu'elles doivent verser, sur la base des revenus imposables.

[179] Ordonnance n° 46 du 22 novembre 1968, numéro spécial du JORT du 30 novembre 1968.
[180] Article 252 de l'ordonnance n° 46 du 22 novembre 1968, numéro spécial du JORT du 30 novembre 1968.

1.2. Les revenus taxables

Les revenus des valeurs mobilières ou capitaux mobiliers sont multiples. Ainsi, l'IRCM ou IRVM frappe :

1. les dividendes, intérêts, arrérages (intérêts versés aux titulaires d'une rente ou d'une pension), revenus et autres produits des actions et des parts des fondateurs des sociétés, compagnies et entreprises ayant leur siège social au Togo, quelle que soit l'époque de leur création.

2. Les intérêts produits et bénéfices des parts d'intérêts et commandites dans les sociétés, compagnies, entreprises ayant leur siège social au Togo et dont le capital n'a pas été divisé en actions.

3. Le montant des remboursements et amortissements totaux ou partiels que toutes sociétés effectuent sur le montant de leurs actions, parts et intérêts ou commandites.

4. Le montant des tantièmes (quantités non précisées, supposées connues des interlocuteurs), jetons de présence, remboursements forfaitaires des frais et autres rémunérations revenant à un administrateur unique ou aux membres du conseil d'administration.

5. Les traitements, remboursements forfaitaires de frais de toutes rémunérations revenant aux associés dans les sociétés à l'occasion des assemblées générales.

6. Les jetons de présence payés aux actionnaires de ces sociétés à l'occasion des assemblées générales.

7. Les intérêts, arrérages et tous autres produits des obligations et emprunts de toute nature des collectivités publiques secondaires ainsi que des sociétés, compagnies et entreprises assujetties[181].

Comme on peut le constater, même les revenus des valeurs mobilières des organismes publics sont imposables. Ce qui signifie qu'il n'y a pas de discrimination dans cette imposition. Les sociétés qui ont leur siège hors du territoire togolais sont

---

[181] Article 255 de l'ordonnance n° 46 du 22 novembre 1968, numéro spécial du JORT du 30 novembre 1968.

même frappées par cet impôt dont le taux est fonction des revenus.

1.3. Les tarifs de l'impôt et la détermination du revenu imposable

Ce tarif est fixé à 20 % pour les lots payés aux créanciers et aux porteurs d'obligations. Il est de 10 % pour les autres produits des valeurs mobilières et, notamment, ceux cités dans l'article 255 de la présente ordonnance. Aussi ces tarifs doivent-ils s'appliquer aux montants des revenus dont la détermination est fixée de façon suivante :

1. C'est le dividende fixé d'après les délibérations des assemblées générales ou du conseil d'administration, pour les actions.

1. Pour les obligations ou emprunts, par l'intérêt distribué dans l'année.

2. Pour les parts d'intérêts et les commandites, il y a deux manières. La détermination se fait soit au moyen des délibérations des assemblées générales des associés, soit par le biais d'une déclaration à souscrire dans les trois mois de la clôture de l'exercice faisant connaître les bénéfices.

3. Pour les lots, c'est le montant même du lot en monnaie ayant cours légal au Togo.

4. Pour les primes de remboursement, par la différence entre la somme remboursée et le taux d'émission.

5. Pour les rémunérations de l'administrateur unique ou des membres du conseil d'administration, par délibération des assemblées générales des actionnaires ou du conseil d'administration, les comptes rendus ou tous autres documents analogues doivent être déposés dès le mois de leur déclaration au bureau de l'enregistrement du siège social[182].

Cet impôt est, pour ce qui concerne les sociétés, les entreprises et compagnies désignées, payé au bureau de

---

[182] Articles 257 et 258 de l'ordonnance n° 46 du 22 novembre 1968, numéro spécial du JORT du 30 novembre 1968.

l'enregistrement de leurs sièges. Quant aux collectivités publiques secondaires et établissements publics, ils doivent s'en acquitter au bureau de l'enregistrement de leurs sièges administratifs.

Cependant, les amortissements de capital, faits pour une réalisation d'actif et au moyen de prélèvements autres que le compte profits et pertes (par les sociétés concessionnaires d'Etat, collectivités publiques), ne sont pas passibles de l'IRVM ou l'IRCM[183]. En sont aussi exemptés les intérêts des sommes inscrites sur les livrets de caisse d'épargne, les comptes courants, les crédits mutuels et de coopératives agricoles.

L'institution de l'IRVM se situe dans un contexte de déconfiture. En effet, un an après leur mainmise sur l'appareil d'Etat, les nouveaux responsables du pays éprouvent des difficultés, et non des moindres, pour alimenter le budget. Dans ces circonstances, ils se rabattent sur l'arme fiscale. C'est pourquoi l'ordonnance n° 46 du 22 novembre 1968, portant loi de finances pour l'exercice 1969, procède à l'augmentation des tarifs d'impôts directs et indirects et à la création de l'IRCM.

Du reste, la CTMB doit, légalement, payer cet impôt dans la mesure où les valeurs mobilières, qui font partie de son passif, en sont imposables. En considérant l'importance de son capital social, la diversité de ses actionnaires et les remboursements qu'elle doit verser à ses créanciers, elle doit être l'un des plus grands contribuables. Au demeurant, l'institution de l'IRCM ou IRVM constitue une brèche dans la stabilité fiscale de la société. Cette bousculade n'est qu'un prélude aux tribulations qu'elle va vivre.

Au cours de l'année 1969, point de départ du paiement de l'IRCM ou IRVM, la CTMB excave 10 051 000 m^3 de morts-terrains, extrait 2 948 000 tonnes de minerai brut, produit 1 472 000 tonnes de minerai marchand et livre 1 463 881 tonnes. Ces résultats sont en augmentation de 7 à 12 % sur ceux

---

[183] Article 298 de l'ordonnance n° 46 du 22 novembre 1968, numéro spécial du JORT du 30 novembre 1968.

de l'année 1968. Ils témoignent, selon le conseil d'administration, de l'efficacité des améliorations constamment apportées à l'équipement de l'entreprise, de la régularité du travail et de la conscience professionnelle de ses agents de tous grades et de la qualité des services rendus par l'UPHA, qui fait visiter l'exploitation à de nombreux utilisateurs de phosphates.

Le marché reste toujours difficile. En 1969, la consommation mondiale ne paraît pas avoir augmenté, en raison de la diminution sensible des achats d'engrais par les utilisateurs des Etats-Unis d'Amérique. Les prix de vente en dollars subissent une nouvelle baisse que la dévaluation du franc CFA, en 1969, ne compense qu'en partie.

Six pays étrangers, contre huit en 1968, reçoivent du phosphate togolais. Ce sont, par ordre d'importance, France (737 370 tonnes), Pays-Bas (327 490 tonnes), Japon (158 016 tonnes), Allemagne (139 328 tonnes), Belgique (92 827 tonnes) et Italie (8 940 tonnes)[184].

Les livraisons hors de la zone franc représentent 50 % des livraisons totales, contre 58 % en 1968. Elles procurent à la République togolaise la contre-valeur en devises de 2 200 millions de francs CFA environ.

La compagnie obtient une augmentation de 25 % de la capacité de ses fours sécheurs, remplacés par des appareils plus efficaces, les dépoussiéreurs placés à leur suite, acquiert les brevets de séparateurs statiques destinés à remplacer ses cribles vibrants et commande une première série de ces appareils en même temps qu'un complément d'équipement en séparateurs magnétiques.

En outre, la progression du front de carrière oblige la compagnie à prolonger sa voie ferrée de 4,7 km et à construire une nouvelle station de chargement des wagons qui est mise en service au début de 1970.

---

[184] Cf. Rapport du Conseil d'administration de la CTMB à l'Assemblée générale ordinaire des actionnaires du 11 mai 1970, publié dans le *Bulletin mensuel de la Chambre de commerce, d'agriculture et d'industrie du Togo*, mois de mai 1970, p. 11.

Enfin, elle commande l'établissement d'une carte au 1/5000e de l'ensemble de sa concession. Cela nécessite d'importants travaux topographiques et une campagne de photographies aériennes, en même temps qu'elle entreprend la reconnaissance complète du gisement à la maille de 200 m. Cette opération s'étale sur 3 années.

Quoi qu'il en soit, les investissements réalisés ou engagés par la CTMB, en 1969, s'élèvent à 469 millions de francs CFA. Au cours de la même année, elle dépense au Togo 1 767 millions de francs CFA pour paiement de fournitures, services et redevances, dont 471 millions de salaires directs et indirects. Quant à l'Etat, il reçoit 240 millions de francs CFA sous forme de dividendes et tantièmes. Au total, les organismes publics perçoivent, au titre de l'exercice 1969, des revenus s'élevant à 1 012 millions de francs CFA environ[185].

Toutefois, l'exploitation de la carrière Kpogamé-Avéta, ouverte en 1969, bute sur l'opposition de certaines populations de la zone.

2. L'affaire « Tahassi » et son déroulement

Le domaine Kpogamé-Avéta est le résultat de la fusion de deux concessions minières, Avéta et Kpogamé, faisant partie de celles qui sont attribuées à la CTMB par décret du 23 février 1959. Il se situe dans la circonscription administrative de Tsévié. En fait, l'exploitation du gisement de cette zone doit avoir des conséquences néfastes sur les habitants. Les villages en cause sont Kpogamé, Tahassi, Tsamé, Akadjamé, Agomé,

---

[185] Cf. Rapport du Conseil d'administration de la CTMB à l'Assemblée générale ordinaire des actionnaires du 11 mai 1970, publié dans le *Bulletin mensuel de la Chambre de commerce, d'agriculture et d'industrie du Togo*, mois de mai 1970, p. 12.

formant le canton de Kpomé. De ces cinq localités, trois doivent faire l'objet de déplacements : Tahassi, Tsamé et Akadjamé[186].

Ce problème, dès février 1972, fait l'objet de moult négociations entre la CTMB et les représentants des populations (chefs traditionnels), sous la présidence effective des autorités politiques et administratives de la circonscription. Le 9 février 1972, lors de la réunion publique tenue à Kpogamé, tous les notables se transportent sur les lieux proposés pour les déplacements des villages envisagés et approuvent l'implantation à Adjrévé. Le 15 janvier 1973, ils s'y déplacent pour se rendre compte de la reconstruction du quartier Adjrévé, réalisée entre-temps[187].

Arguant qu'ils ne sont pas consultés au préalable pour le choix du nouvel emplacement, les chefs des villages concernés chargent un des leurs, un instituteur, d'écrire une lettre au directeur de l'exploitation à Kpémé. Dans cette lettre, ils déplorent et dénoncent des machinations ignominieuses auxquelles se livrent certains cadres de la CTMB et dont leur interlocuteur n'est pas du tout informé. Le mandataire trouve aussi que les indemnités allouées aux populations sont insuffisantes et, pour tout dire, « l'intellectuel » conclut que tout accord avec les personnes illettrées, sans l'appui de leurs parents instruits, n'est pas sérieux. Pour ce faire, il élabore de nouveaux tarifs pour les dédommagements des biens détruits, qu'il soumet à l'attention du directeur de l'exploitation.

Il suggère, toujours au nom des populations, des propositions au destinataire de la lettre. D'après celles-ci, le consentement des villageois est indispensable pour le transfert du village et les parcelles loties doivent être de 135 m². Aussi la CTMB doit-elle aménager un lieu pour le marché et le

---

[186] Archives non classées de la CTMB, rapport de J.-C. François, chef de service carrière, sur les déplacements des populations, en date du 26 septembre 1973.

[187] Archives non classées de la CTMB, rapport de Jean-Claude François, chef de service carrière, sur les déplacements des populations, en date du 26 septembre 1973.

dispensaire, construire une route de desserte reliant le village à la capitale et au chef-lieu de la circonscription et enfin remblayer immédiatement les terrains après l'exploitation. Toutefois, d'autres propositions paraissent illusoires et fantaisistes. Ce sont, entre autres, l'urbanisation correcte du village avec tracé des rues de 12 à 14 m et avec des rigoles, l'électrification complète, l'installation d'une cabine téléphonique publique dans le village et l'embauche des habitants dans toutes les sections de l'entreprise, sans exception aucune[188].

Le mandataire écrit une autre lettre, destinée encore au même responsable de la CTMB. A travers celle-ci, datée du 27 novembre 1972, les chefs informent le directeur qu'ils ont choisi un site pour leur réinstallation et désapprouvent, pour une seconde fois, le site d'Adjrévé. Le lieu indiqué, bien entendu, se situe sur leurs propres terres. En fait, pour ces populations, en rejoignant Adjrévé, elles abandonneraient leurs terres et seraient considérées comme des étrangers par les autochtones du lieu désapprouvé. Les responsables de la compagnie ignorent que l'Africain reste attaché à sa terre. C'est pourquoi ces villageois, surtout ceux de Tahassi, ne peuvent supporter cette séparation.

A la suite de ces deux lettres, une réunion publique se tient encore à Tahassi, le 20 septembre 1973, sous la présidence du chef de la circonscription de Tsévié. Au cours de cette séance, il fait part aux populations de la décision de la CTMB de déplacer leur village. Elles ne manifestent aucune opposition. Cependant, le point de discorde constitue le choix du lieu de la nouvelle installation. Ainsi, la majorité opte pour le voisinage du village d'Adjrévé, un autre groupe propose l'implantation du nouveau village à proximité d'Akadjamé et un autre groupe encore choisit Kpodji (le chef du village même et un certain monsieur). Excluant toute possibilité d'éclatement de Tahassi, le président

[188] Archives non classées de la CTMB, lettres des villages de Tahassi, Tsamé et Akadjamé, en date du 30 octobre 1972, au directeur de l'exploitation de la CTMB à Kpémé.

de séance, appuyé par le chef de canton, tranche en faveur du choix de la majorité. Il est donc décidé de reconstruire le village à côté des nouvelles constructions d'Adjrévé[189]. Mais des rebondissements dans cette affaire se font sans attendre.

C'est ainsi que les chefs de ces villages décident de porter le problème à la connaissance des instances supérieures. Le ministre de l'Intérieur d'alors est saisi, le 19 octobre 1973, des « *décisions arbitraires* » prises par la CTMB, pour déplacer les villages de Tsamé, Akadjamé et Tahassi sans aucune considération pour leurs intérêts et sans respect pour l'existence de leurs habitants. Pour cela, ces chefs sollicitent l'intervention du ministre pour qu'une solution appropriée soit trouvée.

La réalité est que le village de Tahassi est le cerveau de tous ces refus, car l'autorité de son chef est, estiment les habitants, bafouée par le chef de canton, qui ose intervenir dans une affaire propre à Tahassi. Quant aux deux autres villages, ils ne le suivent que par solidarité dans la mesure où leur déplacement ne soulève aucun problème. L'affaire « Tahassi » met en lumière les lacunes de la politique administrative qui consiste à regrouper les villages en cantons. Les responsables des localités concernées par le déplacement expriment leur opposition à l'autorité du chef de canton de façon déguisée. Dans leurs lettres, ils emploient des termes comme : « *Nous, chefs de..., authentiques représentants des populations...* » (Labante, 2002 : 103).

Du reste, le ministre de l'Intérieur fait diligence, en convoquant les principaux protagonistes le 8 novembre 1973. Lors de cette rencontre, il rappelle que les transferts des trois villages doivent respecter trois impératifs, à savoir l'abondance de l'eau, la faible distance par rapport aux terrains de culture et enfin le regroupement pour la sauvegarde de l'intégrité territoriale du canton. En ce qui concerne les responsables de la CTMB, ils subordonnent la réalisation de ces opérations à des

---

[189] Archives non classées de la CTMB, procès-verbal de la réunion publique du 20 septembre 1973, tenue à Tahassi.

conditions économiques acceptables. Il faut dire que rien de concret n'est décidé, car en l'absence du ministre des Mines, les porte-parole de la compagnie décident de ne pas se prononcer sur les éléments nouvellement annoncés[190]. La présence du ministre de tutelle de l'entreprise aurait été indispensable pour la poursuite des négociations. Il y a, cependant, lieu de relever que les procédures adoptées, en vue de trouver la solution au déplacement de ces villages, sont viciées. A aucun moment, la commission technique du 30 juin 1959, créée pour suivre les indemnisations des propriétaires terriens et toutes affaires relatives aux déplacements, n'est sollicitée. Pourtant, jusqu'à cette période, elle n'a pas été dissoute.

Entre-temps, le mandataire récupère la mission qui lui est confiée, pour obtenir certains avantages. Dans deux lettres, datées du 5 mai 1973, il demande, auprès du chef du service carrière, le recrutement de douze jeunes qui sont ses cousins. Puis, il sollicite 10 m^3 de gravier pour ses constructions du village et 50 m^3 pour celles de Lomé. C'est sa récompense pour services rendus aux parents. Mais qui sait, peut-être qu'il aurait eu droit à d'autres présents plus alléchants.

En dépit de l'inexistence de documents pouvant permettre de suivre la suite des négociations, il est certain que l'affaire est résolue, fût-ce la manière. Ainsi, dans le mémoire de voyage d'un responsable de la CTMB, daté du 6 décembre 1973, on peut lire : « *Affaire Tahassi. Coût de l'opération normale : 30 millions. Coût de l'opération politique : 100 millions. Solution : ne déplacer personne.* »[191] C'est dire que certaines personnes auraient dû toucher des pots-de-vin.

La CTMB ne peut pas, malheureusement, exploiter ce gisement, bien qu'elle ait reçu un prêt de 375 millions de francs

---

190 Archives non classées de la CTMB, lettre du directeur de l'exploitation et du chef des services administratifs, le 9 novembre 1973, à l'administrateur délégué pour compte rendu de la rencontre du 8 novembre 1973.

191 Mémoire figurant sur la première page du dossier relatif à la concession n° 16, Archives non classées de la CTMB.

CFA de la Banque togolaise de développement (BTD)[192]. En clair, l'affaire « Tahassi » donne des sueurs froides à la CTMB. Presque au même moment, elle doit livrer un autre combat sur un autre front.

3. La CTMB vacille

Toujours au cours de l'année 1972, des tractations ont lieu entre la CTMB et l'Etat togolais, qui manifeste son désir de s'impliquer davantage dans la gestion de l'exploitation des phosphates. Les négociations aboutissent à la signature d'un avenant à la convention du 12 septembre 1957.

3.1. L'avenant du 28 novembre 1972

Il convient de rappeler que jusqu'en 1972, les obligations mises à la charge de la CTMB, pour ce qui est du montant et de la répartition du capital social, ont été respectées. Ce capital social s'élevait à 3 621 720 000 francs CFA, représenté par 724 344 actions d'une valeur nominale de 5 000 francs CFA. Ces actions sont souscrites, à concurrence de 80 % par des actionnaires privés, et à concurrence de 20 % par l'Etat togolais.

C'est à ce moment-là que la société W.R. Grace et Cie, personne morale de droit américain, actionnaire privé détenteur de la plus forte participation, a décidé de ramener cette participation de 37 % à 25 %. Les 12 % ont été l'objet d'une furieuse bataille juridique. En effet, la société Grace a estimé qu'elle était libre de céder ses titres à tout tiers étranger à la société, dès lors que les règles statutaires étaient respectées[193].

---

[192] *Togo-Presse* du 1er juillet 1972, p. 2. Ce prêt, provenant de la BAD, est accordé à la BTD, pour un financement relais, c'est-à-dire que la BTD l'a reçu pour refinancer l'entreprise.

[193] Il s'agit, dans ce cas, du respect de l'article 16 de la convention du 12 septembre 1957 qui indique clairement que la République autonome du Togo ne devait apporter ni discriminations ni de modifications défavorables et opposables à la SMB en matière de législation et de réglementation des sociétés, notamment en ce qui concerne les règles régissant la constitution, le

De son côté, l'Etat togolais se considérait comme titulaire d'un véritable droit de préemption sur toutes actions mises en vente par les actionnaires privés[194]. La société Grace a fixé le prix de vente de l'action à sa valeur d'échange, soit 18 000 francs CFA, alors que l'Etat togolais a proposé la somme de 6 000 francs CFA par action (Dominique et al., 1976 : 614-615). S'ouvrent alors des tractations laborieuses qui ont abouti à la signature d'un avenant à la convention d'établissement du 11 septembre 1957, signé le 28 novembre 1972.

La séance de travail entre les deux parties a pour cadre le cabinet présidentiel. La CTMB est représentée par Max Robert, administrateur-délégué, et par Jacques Houyvet, directeur administratif. Le chef de l'Etat, le général Etienne Eyadéma, Joachim Hunlédé et Alex Mivédor, respectivement ministre des Affaires étrangères et de la Coopération et ministre des Mines et des Travaux publics, défendent les intérêts du Togo. Les discussions tournent autour de l'augmentation de la participation togolaise dans le capital de la compagnie. En effet, le Togo ayant déjà épuisé le quota qui lui est attribué, toute autre participation est impossible s'il faut observer, strictement, le texte de la convention du 12 septembre 1957. Etant donné que tout accord est susceptible de modification, les deux partenaires s'entendent sur un point : la signature d'un avenant portant de 19,9 % à 35 %, à partir de 1973, la participation de l'Etat togolais dans le capital de la CTMB. Cet avenant modifie et remplace l'article 5 de la convention antérieure, qui précise les clauses financières régissant les quotas de la part de la puissance publique et de celle des actionnaires privés dans le capital de l'entreprise.

---

fonctionnement et la liquidation des sociétés, la libre cession des actions ou parts, et, d'une manière générale, les règles régissant les rapports entre sociétés et actionnaires. Cf. annexe n° 1.

[194] Une telle attitude frisait la violation flagrante de l'article 5 de la convention du 12 septembre 1957 qui disposait que la SMB s'engageait à offrir à la République autonome du Togo une participation dans son capital jusqu'à concurrence de 25 % de la partie du capital souscrite par les actionnaires privés, c'est-à-dire 20 % dudit capital.

Au terme de la cérémonie de signature, le ministre Alex Mivedor donne lecture du communiqué officiel :

« Le gouvernement de la République togolaise, conscient de l'importance que représente l'exploitation de ses ressources naturelles dans le développement économique du pays, a pris la résolution de contrôler ce secteur important de son économie, sans pour autant décourager les investissements étrangers.

C'est pourquoi le gouvernement de la République togolaise a décidé de procéder à une augmentation de sa participation à la Compagnie togolaise des mines du Bénin et ce, en recherchant des solutions négociées, suivant la politique de dialogue instaurée par le régime en place.

L'objectif poursuivi est d'atteindre 51 % du capital social suivant un échéancier à déterminer d'accord entre ces parties. Cette décision entraîne du même coup la révision de la convention du 12 septembre 1957 « Convention aux fins de mise en valeur économique du gisement de phosphates de chaux du Togo. »

Conformément à l'avenant qui vient d'être signé, la participation togolaise passe donc de 19,9 % à l'heure actuelle à 35 % en 1973, soit une augmentation de 16,1 %.

Le gouvernement de la République togolaise se félicite de l'atmosphère de compréhension mutuelle qui a présidé aux négociations et constate que l'évolution de ses rapports avec la Compagnie est de nature à renforcer les bonnes relations qui ont toujours été entretenues entre les responsables de la Compagnie togolaise des mines du Bénin et les autorités togolaises »[195].

En fonction de cet avenant, le Togo concrétise sa participation par souscription de 136 554 actions, émises exclusivement pour son compte, le 5 avril 1973. Pour supporter

[195] *Togo-Presse*, n° 3150 du 29 novembre 1972, p. 5. Le titre annonçant l'augmentation de cette participation est très significatif : « Grâce à l'action personnelle du général Eyadéma la participation du Togo au capital de la CTMB passe de 19,9 à 35 % ».

cette charge, l'Etat recourt à un emprunt de l'Office togolais des produits agricoles[196].

Il apparaît, à travers les termes du communiqué officiel, que le Togo en veut davantage puisque sa volonté est de devenir actionnaire majoritaire avec 51 %. Pour ce faire, il fallait déterminer un échéancier pour lui permettre d'atteindre le niveau de participation voulu. Curieusement, cet échéancier ne figure pas dans le communiqué annonçant la signature de l'avenant. Et c'est après la nationalisation de la compagnie qu'il a été rendu public dans le *Livre blanc sur les phosphates de Kpémé et la CTMB*. Tout se passe comme si l'avenant avait été rallongé avec deux articles dédiés à l'échéancier permettant à la République du Togo de prendre, à terme, le contrôle de la compagnie, sans toutefois léser les intérêts privés. L'article 1er de l'avenant est consacré à la définition de cet échéancier :

> « La participation de la République du Togo au capital de la compagnie sera portée, soit par cession directe amiable à la République par d'autres actionnaires à prix à débattre, soit, à défaut, par l'émission d'actions nouvelles réservées à la République du Togo, émises à la valeur comptable résultant du dernier bilan connu de la compagnie à l'époque considérée, à 35 % du capital éventuel le 1er janvier 1973, à 42 % du nouveau capital éventuel le 1er janvier 1981, à 47 % le 1er janvier 1984, à 51 % du capital le 1er janvier 1987. Chacune de ces dates pourra être retardée à la demande de la République du Togo en fonction de ses plans de financement. Si une telle émission a eu lieu en 1973, la compagnie procédera à la distribution d'une partie des réserves figurant au bilan de façon que la valeur comptable susvisée soit de 6 900 F. Les actions seront émises ou acquises valeur du jour de leur libération en cas de souscription ou de règlement, en cas d'acquisition. »[197]

---

[196] Archives non classées de la CTMB, Registres de transferts et de conversions des actions.

[197] Ministère du Plan, 1976 : *Livre blanc sur les phosphates de Kpémé et la CTMB*, Editions africaines du
Flamboyant, p. 41.

Quant à l'article 2, il précise que le Togo s'engage, en contrepartie, à ne pas remettre en cause ces accords existants jusqu'au 1er janvier 1987, ni à faire obstacle à toute cession éventuelle d'actions par les autres actionnaires, sauf à des personnes physiques ou morales issues de la Rhodésie et de la République sud-africaine (Bantoue, 1990).

Ce qui paraît intrigant est le fait que cette disposition essentielle ait échappé à l'attention de la presse officielle, qui ne l'a pas mentionnée dans sa livraison consacrée à l'augmentation de la participation togolaise au capital de la CTMB. Tout au moins, sans faire état d'un quelconque échéancier, le *Bulletin mensuel de la chambre de commerce, d'agriculture et d'industrie du Togo*, en date du 10 octobre 1972, signale que « bientôt le Togo serait actionnaire majoritaire ». Enfin, parmi les raisons évoquées par le général Eyadéma pour porter à 51 % la participation du Togo au capital de la CTMB, il n'est pas question d'un quelconque échéancier.

Enfin, si une telle décision est le fruit d'« une compréhension mutuelle » entre les deux associés, pourquoi l'Etat togolais décide-t-il d'anticiper sur les évènements ?

3.2. Quand l'Etat togolais décide de se tailler unilatéralement la part du lion dans le capital de la CTMB

Quelque temps après la signature de l'avenant négocié directement entre les dirigeants de la CTMB et les représentants du gouvernement togolais, est intervenu un événement déterminant : le triplement des cours des phosphates sous la pression des producteurs, notamment de l'Etat chérifien. Il pouvait en résulter un pactole pour le Togo, mais à une condition : que les actionnaires privés de la compagnie ne soient plus en mesure de déterminer sa politique commerciale. Or, sur ce plan, les dispositions de la convention d'établissement du 12 septembre 1957, confirmée par l'avenant du 28 septembre 1972, sont parfaitement claires : le concessionnaire reste maître de la production et de la commercialisation des phosphates de chaux

(Dominique et al., 1976 : 616). A cet égard l'article 16 de la convention du 12 septembre constitue une garantie à la liberté des décisions prises par les représentants des actionnaires et concernant la structure ou la gestion technique, administrative, commerciale ou financière de la société, ainsi que l'exploitation rationnelle de son domaine minier[198].

Pour faire sauter le verrou, le gouvernement togolais a posé un acte contraire à l'esprit de l'accord et qui, par la suite, lui est fatal. En effet, dans le discours prononcé à la veille du 11e anniversaire de la fête nationale de la Libération – en fait du coup d'Etat du 13 janvier 1963 – le 10 janvier 1974, le général Eyadéma dénonce la convention du 12 septembre 1957 et annonce la décision unilatérale de porter à 51 % la participation du Togo au capital de la CTMB, par apport du minerai. En outre, la commercialisation des phosphates doit désormais être assurée par un organisme dénommé l'Office togolais des phosphates (OTP).

Ces décisions sont annoncées après un chapelet de raisons destinées à prouver que la CTMB fait très peu de cas des intérêts du Togo. En témoigne cet extrait de son discours :

> « [...] En toutes circonstances, il a été démontré que nos intérêts ne sauraient être efficacement défendus que par nous-mêmes, et pour nous-mêmes.
>
> [...] Les intérêts nationaux nous font l'obligation de prendre désormais la responsabilité de la gestion de l'exploitation de nos ressources minières.
>
> J'ai donc décidé à compter de ce soir même :
>
> - de dénoncer la Convention signée le 12 septembre 1957 entre la République autonome du Togo et la Société minière du Bénin...
>
> A compter du 1er janvier 1974, la commercialisation des phosphates est assurée par un Office togolais des phosphates, établissement public appartenant exclusivement à l'Etat togolais.

---

198 Cf. article 16 de la convention du 12 septembre 1957 annexée à l'ouvrage.

La Compagnie togolaise des mines du Bénin livrera sa production marchande à cet office par décision du gouvernement.

[...] A compter du 1er janvier 1974, la participation du Togo au capital social de la Compagnie togolaise des mines du Bénin est fixée à 51 % par apport du gisement, conformément à la réglementation minière en vigueur, tandis que 49 % du capital resteront entre les mains des partenaires privés.

[...] Comme vous pouvez le constater, malgré ces mesures, les intérêts des investisseurs étrangers sont sauvegardés conformément à notre politique. »[199]

Ces décisions unilatérales constituent, il faut le reconnaître, une remise en cause de l'avenant que le gouvernement du Togo promet d'observer. Pourquoi, lors de la signature de l'avenant du 28 novembre 1972, le général Eyadéma n'a-t-il pas évoqué l'apport du gisement ? De plus, la réglementation minière, invoquée comme argument principal, ne mentionne, dans aucune de ses dispositions, que l'Etat togolais peut accroître sa participation dans le capital d'une industrie minière par apport du gisement. Enfin, dans aucune affaire minière en Afrique noire l'apport du gisement n'a jamais déterminé la participation de l'Etat dans les sociétés exploitantes. Pour le cas de figure togolais, il se pourrait que cette décision soit motivée par la volonté du gouvernement de réaliser « *la libération économique du Togo, qui est absolument indispensable à son indépendance réelle* »[200].

Pour comprendre la portée des mesures prises par l'Etat togolais afin d'atteindre les buts recherchés, il importe d'emprunter à l'analyse juridique qui a été faite de la nationalisation de la CTMB. Pour la première, c'est-à-dire la dénonciation de la convention, le gouvernement togolais a cherché à se débarrasser de toutes entraves juridiques afin de librement produire et commercialiser. Par la seconde, la création d'un Office togolais des phosphates, le gouvernement a

---

[199] *Togo-Presse*, n° 3488, du 11 janvier 1974, p. 3.

[200] *Togo-Presse*, n° 3488, du 11 janvier 1974, p. 3

acquis la responsabilité de la commercialisation qu'il n'entendait pas partager avec quiconque. Par la troisième, l'augmentation unilatérale de sa participation dans le capital de la CTMB, il entendait s'assurer le contrôle de la production sans pour autant se priver de l'assistance technique des autres actionnaires. Ces mesures sont-elles licites ?

En nous en remettant aux commentaires des juristes, on peut dire que c'est à propos de la « dénonciation » de la convention d'établissement du 12 septembre 1957 que le problème revêt la plus grande acuité. En effet, la convention ne prévoyait aucun mécanisme de résiliation unilatérale, mais un mécanisme de renouvellement éventuel. Tout était organisé pour que les rapports entre parties ne puissent être modifiés que par commun accord. Et si le commun accord ne pouvait se réaliser, la solution devait être trouvée à l'amiable par recours à l'arbitrage[201]. Qui plus est, par la révision du 28 novembre 1972, la République togolaise s'était formellement engagée « à ne pas remettre en cause les accords existants jusqu'au 1er janvier 1987 ». Mais, de son côté, le gouvernement togolais se fondait sur deux motifs cumulatifs pour justifier cette dénonciation : d'une part, le changement des circonstances politiques et économiques ; d'autre part, l'obstacle mis par la convention au libre exercice de sa souveraineté (Dominique et al., 1976 : 616).

Au lendemain du discours du 10 janvier 1974, une manifestation de soutien au président Eyadéma a été organisée par le Comité de ville de Lomé. Sur les pancartes, figuraient les inscriptions suivantes : « RPT = indépendance économique », « Vive la politique de libération économique du général Etienne Eyadéma », « Mon général, du courage », « A César ce qui est à César », « CTMB togolaise ».

Cette manifestation de soutien a coïncidé avec une réunion du Comité central à la maison du RPT. Une fois que cette réunion fut terminée, le président Eyadéma, entouré de ses

[201] Cf. l'article 29 de la convention du 12 septembre 1957.

ministres et des autres membres du Comité central, a fait son apparition sur le balcon de la maison du RPT. Il a écouté la lecture d'une motion du Comité de ville. Au nom des militants et militantes de Lomé, ce comité a exprimé sa profonde satisfaction et sa sincère gratitude pour les importantes décisions prises par le président dans le cadre de la libération économique du Togo et, par voie de conséquence, de l'Afrique tout entière. Il l'a remercié pour son courage et sa politique[202].

A cette motion, le chef de l'Etat a répondu par une allocution improvisée dans laquelle il a insisté sur les raisons fondamentales qui l'ont poussé à dénoncer la convention et à augmenter la participation du Togo dans le capital social de la CTMB. S'agissant précisément de la prise en main de la commercialisation du phosphate au travers de la création de l'Office togolais des phosphates, il a fait des révélations sur les arguties des dirigeants de la compagnie à l'origine de cette décision :

> « Vous savez ? Compte tenu de l'inflation qu'il y a dans le monde, tout récemment les prix du phosphate ont été triplés, et cela grâce à l'action du gouvernement marocain. Mes chers amis, je vous dis ceci : le gouvernement marocain a eu beaucoup de difficultés avec nos partenaires de la CTMB, parce qu'ils ne voulaient pas du tout que les prix augmentent. Or tous les pays producteurs de phosphate ont accepté cette augmentation. ... Mais nos partenaires, auxquels nous avons fait une confiance aveugle, ont refusé. C'est alors que les Marocains ont dit : "Si c'est comme ça nous entrerons en contact avec le gouvernement togolais qui est producteur de phosphate". Et c'est à ce moment seulement qu'ils ont accepté de tripler le prix du phosphate. Ils ne nous ont même

---

[202] *Togo-Presse* n° 3489 du vendredi 11 janvier 1974, p. 4. Il convient d'ajouter que les membres du Comité central, *« après avoir écouté attentivement le chef de l'Etat, ont entièrement approuvé la décision qu'il vient de prendre et lui ont apporté leur soutien total et inconditionnel, pour cette décision qui témoigne de sa volonté ferme de manifester la détermination du pays d'accéder le plus rapidement possible à l'indépendance économique sans laquelle l'indépendance politique n'est qu'un leurre.* »

pas informés de façon officielle. Ils se croient encore dans un pays colonisé.

Ce temps est dépassé. Mieux encore l'ancien prix du phosphate était à 12 dollars. Donc quand cela a triplé il est passé de 12 à 36 dollars. Mais ils ont refusé d'atteindre ce prix. Quand nous avons demandé les contrats de vente, nous nous sommes rendu compte que nos partenaires avaient refusé de s'aligner sur le prix qui avait été officiellement fixé. Qui pourrait ne pas prendre une telle décision à ma place ? Je ne le pense pas. A moins que cet homme ne soit pas un nationaliste convaincu. C'est pour cette raison que j'ai dit que cette affaire avait trop duré. Et qu'il ne faut pas trop tirer sur la ficelle sinon on risque de la casser. Il y a longtemps que nous sommes indépendants. Nous avons atteint une certaine maturité politique et nous pouvons prendre nos affaires en main… »[203]

En l'absence d'autres sources sur la question et de réactions de la part des responsables de la CTMB qui s'en tenaient aux dispositions de la convention du 12 septembre 1957 relatives à la liberté des décisions concernant la structure ou la gestion technique, administrative, commerciale ou financière de la société, il est difficile à l'historien de vérifier ces propos du président Eyadéma.

En tout cas, suite à ces décisions qui font entorse à l'avenant du 28 novembre 1972, de nouvelles discussions sont engagées sur la participation de l'Etat togolais dans le patrimoine de la CTMB. Les négociations doivent se tenir à Pya, village natal du président Eyadéma. Mais l'avion présidentiel, à bord duquel se trouvent le chef de l'Etat lui-même, certains ministres du gouvernement togolais et certains responsables de la compagnie, dont son administrateur-délégué Max Robert, n'arrive pas à destination. Il s'écrase près de Pya, le 24 janvier 1974, à 800 mètres de la piste en terre entourée de collines de Sarakawa.

[203] *Togo-Presse*, n° 3489, du samedi 12 janvier 1974, p. 4 & p. 13.

A l'issue de cet accident, présenté au peuple comme un crime de l'impérialisme[204], la CTMB est nationalisée, le 2 février 1974, au cours d'un meeting qui réunit, devant l'esplanade de la maison du RPT à Lomé, les « forces vives de la nation ». S'adressant à la foule, estimée à 30 000 personnes, le chef de l'Etat a lié sa décision (100 % des parts) à la lutte à mort qu'il estime avoir été déclenchée contre lui. « *On a voulu ma peau mais on m'a raté* », a-t-il dit en substance à la foule qui l'acclamait. « *C'est à moi maintenant d'avoir mes agresseurs* », a-t-il continué son discours. Le président Eyadéma a déclaré également qu'il avait été, à plusieurs reprises, l'objet de tentatives de corruption de la part des responsables de la CTMB. C'est ainsi, devait-il préciser, qu'avant sa décision du 10 janvier, ceux-ci lui avaient proposé 1,5 milliard de francs CFA pour qu'il y renonce[205].

Deux jours après ce meeting, cette nationalisation est consacrée par l'ordonnance n° 9, prise au cours d'un conseil de ministres qui s'est réuni le matin du lundi 4 février. Dans le communiqué qu'il a diffusé, à l'issue du conseil, Yao Kunalè Eklo, ministre de l'Information et secrétaire général administratif du RPT, a annoncé que le gouvernement a adopté une ordonnance portant nationalisation de la CTMB (OTP,

---

[204] Cependant, en tenant compte de certains facteurs, cet accident s'explique aisément. Ainsi, pouvait-on constater la surcharge de l'avion en passagers et en victuailles, sa perte d'équilibre à l'approche de l'atterrissage et le mauvais temps (de Menthon 1993 : 160). Ces informations ont été corroborées par Edem Kodjo, ministre des Finances et de l'Economie du Togo au moment des faits, mais qui n'a pas été associé aux négociations : « *La version la plus probable, n'en déplaise à tout ce qu'on a fait ensuite sur le plan de la récupération politique, et la vérité oblige à le dire, c'est que l'avion était surchargé. Le pilote avait essayé d'attirer l'attention sur cela, mais personne ne l'avait écouté. On avait chargé exagérément l'avion et les consignes de sécurité n'avaient pas été appliquées. Aniko Pallako alias De Gaulle, le chef de la garde rapprochée qui est mort, était debout dans l'avion. Donc, c'est tout simplement un accident, dû peut-être à une erreur de pilotage, avec l'avion handicapé par le surpoids. Mais Eyadéma, en fin politique, a très rapidement perçu l'intérêt qu'il pourrait tirer de cette affaire. Il a eu le réflexe de lier deux choses* » (Konan, 2012 : 73-74).

[205] *Marchés tropicaux* n° 1474 du 8 février 1974, p. 329.

1984 : 37). Aux termes de celle-ci, la CTMB devient une société d'Etat dont le capital est entièrement souscrit par l'Etat togolais[206].

En tout état de cause, est-ce que les raisons avancées par le président Eyadéma, pour expliquer l'épreuve de force entre le Togo et une société d'économie mixte, sont foncièrement convaincantes ? Pour y répondre, nous allons convoquer l'analyse du journaliste de *Marchés tropicaux* :

> « A vrai dire, on comprend mal que le président Eyadéma ait donné de sa décision de prendre le contrôle total de la Compagnie togolaise des mines du Bénin une explication aussi peu plausible. Qui croira en France que cette société ait voulu assassiner le président de la République togolaise ? Comment accorder du crédit à une offre de corruption à l'égard du président de la République ?
>
> La question du contrôle de la compagnie aurait eu intérêt à être discutée calmement, pour éviter que des investisseurs, tentés par les possibilités du Togo, ne renoncent à leurs projets. »[207]

Il faut souligner que la nationalisation[208] est tout à fait justifiée. Il est normal qu'un gisement, constituant la plus

---

[206] Dans l'après-midi du lundi 4 février 1974, tous les membres du gouvernement, à l'exception du lieutenant-colonel Alidou Djafalo, ministre de la Santé publique et des Affaires sociales, et de Yaya Malou, ministre de l'Education nationale, encore souffrants des blessures de l'accident, se sont rendus à Kpémé, pour s'entretenir avec les ouvriers de la CTMB. A la suite des interventions de trois ministres qui ont souligné l'importance de la nationalisation pour le Togo et exhorté les travailleurs à la conscience professionnelle, ceux-ci y ont répondu favorablement, si l'on en juge par les chansons, les slogans révolutionnaires et les pancartes qu'ils brandissaient. On pouvait y lire : « Eyadéma, fais-nous confiance, nous sommes derrière toi et nous te promettons que la CTMB sera l'industrie pilote du Togo » (OTP, 1984 : 37).

[207] *Marchés tropicaux* n° 1474 du 8 février 1974, p. 330. Pour la foule rassemblée ce 2 février 1974, les propos du président Eyadéma étaient pris pour argent comptant. D'ailleurs, après avoir insisté sur le fait que la bataille pour l'indépendance économique devait être difficile et allait de pair avec la décolonisation des mentalités, le chef de l'Etat a vivement reproché aux « intellectuels » qui possèdent la double nationalité togolaise et française de vouloir manger aux deux râteliers, selon que les circonstances leur paraissent plus favorables d'un côté ou de l'autre. Il faut, leur a-t-il dit, faire un choix avant qu'il ne soit trop tard.

importante richesse d'un pays, soit géré par lui. Et cette décision aurait pu être très profitable au Togo si le phosphate avait été échangé contre du développement. Tel n'est pas cependant le cas. En outre, cette décision de nationaliser la CTMB peut s'expliquer par le contexte du début des années 1970 en Afrique, caractérisé par la stagnation économique. Au regard de cette situation, il devient évident pour la plupart des Etats que de nouvelles stratégies économiques devaient être formulées et exécutées pour sortir le continent du marasme économique. Ainsi, dans la recherche d'une stratégie plus efficace et plus réaliste de décolonisation économique, les Etats africains vont s'appuyer sur deux documents, l'un élaboré par la Communauté économique pour l'Afrique (CEA), intitulé *Stratégie de l'Afrique pour le développement durant les années 1970*, adopté en février 1971, l'autre par l'Organisation de l'unité africaine (OUA), *la Déclaration africaine sur la coopération, le développement et l'indépendance économique*, adopté par l'Assemblée des chefs d'Etat et de gouvernement de l'organisation en mai 1973 (Adedeji, 1998 : 273). Ces deux documents visaient l'instauration d'un nouvel ordre économique national et régional.

Consécutivement à cette décision, le gouvernement togolais et les anciens actionnaires de la CTMB ont engagé, directement et immédiatement, des négociations. Celles-ci ont eu lieu les 22 et les 23 février 1974. Elles ont abouti à un accord. Toutefois, les concessions consenties par les deux parties, pour y parvenir, ont été considérables. Au départ, le gouvernement togolais aurait souhaité s'en tenir au versement d'une indemnité en espèces, au reste très inférieure à celle que réclamaient les anciens actionnaires, moyennant l'assurance que l'extraction ne serait pas désorganisée par le départ du personnel d'encadrement français lié par contrat à la CTMB. A l'arrivée,

[208] A en croire une étude réalisée par l'ONU, les nationalisations et les reprises ont été plus importantes entre 1960 et 1974 en Afrique subsaharienne que dans les autres régions du monde (Adedeji, 1998 : 266).

le gouvernement togolais s'est engagé à payer une indemnité d'un montant égal à celui qu'il avait proposé à l'origine (Dominique et al., 1976 : 618).

Des indemnisations correspondantes sont acceptées par les actionnaires. C'est ce qui transparaît dans l'allocution de Pierre Moussa lors de l'Assemblée générale de la Cofimer, qui s'est tenue le 25 juin 1974 à Paris. Le passage le plus important de son discours est celui qui a trait à la nationalisation par le gouvernement togolais de la CTMB :

> « De son côté, le Togo, qui détenait 35 % du capital de la Compagnie togolaise des mines du Bénin, a jugé qu'il était de son intérêt de nationaliser cette compagnie au début de l'année. Des négociations ont suivi, au terme desquelles l'indemnisation des actionnaires privés a été fixée. A ce titre, COFIMER reçoit cette semaine même un premier versement d'environ 13 millions de francs ; je rappelle que cette participation figurait dans nos comptes pour environ 7 millions de francs. En outre, un complément d'indemnisation sera prochainement versé sous forme de livraisons gratuites de phosphates… »[209]

Par ailleurs, une société d'assistance technique est créée, sous le nom de Société d'assistance technique des mines du Bénin (Auximin), par Claude Gabriel, en partenariat égal entre le gouvernement togolais, d'une part, et la banque Paribas (Cofimer), d'autre part[210]. Grâce à l'action de cette société, et

---

[209] Cf. *Africa*, n° 71, août-septembre 1974, p. 19. Il n'est pas sans intérêt de rappeler que la COFIMER possédait de nombreuses participations dans des affaires de ressources naturelles en Afrique, notamment : MIFERMA, SOMIMA, CSPT, COMILOG, CTMB, etc.

[210] Pendant ce temps, parfaitement ignorants des enjeux réels autour de la gestion des phosphates, les chefs traditionnels du Togo ont adopté, au cours d'une réunion extraordinaire tenue le 12 février 1974, une résolution demandant la radicalisation de la lutte pour l'indépendance économique et la révision des accords de coopération avec la France, notamment en matière d'assistance technique militaire. Une semaine après, au cours de manifestations de soutien au chef de l'Etat, après l'accident d'avion, les travailleurs, réunis au sein d'une centrale unique, et les étudiants de l'Université du Bénin ont demandé la révision des accords avec la France. Cf. *Marchés tropicaux* n° 1476 du 22 février 1974, p. 485.

moyennant une redevance convenue, l'exploitation est assurée, avec la même efficacité, cependant que l'OTP assure directement la vente du minerai et la gestion financière.

Cet équilibre a duré plus de vingt ans, la société Auximin étant devenue, entre-temps, la société Tecmin. Plus tard, les prélèvements excessifs du Trésor public togolais par rapport aux profits de l'office ont pesé lourdement sur sa capacité à procéder au renouvellement indispensable du matériel, et ont conduit inéluctablement à la mise en liquidation de l'OTP (Houyvet, 2008 : 20).

La nationalisation de la CTMB est, de loin, différente de celle de ses consœurs du Sénégal. En effet, tirant toutes les conséquences de l'envolée des phosphates de chaux, de janvier 1974 à janvier 1975, les parties conviennent, après avoir limité les dividendes nets des sociétés pour l'exercice 1974, de reverser les revenus additionnels à l'Etat. Ainsi, en un an, le Trésor public a encaissé 21 milliards de francs CFA, à la suite des hausses successives[211].

Ainsi, par des accords contractuels, les groupes industriels, de dimension internationale, reconnaissent l'indispensable nécessité pour l'Etat sénégalais de profiter des plus-values résultant d'une conjoncture de prix favorable, et n'attendent pas d'y être contraints par un acte d'autorité de la puissance publique. Ils admettent ainsi de plafonner leurs bénéfices à des niveaux certes appréciables, mais selon une démarche qui marque le point de départ d'une association entre la puissance sénégalaise et le secteur privé[212]. C'est d'ailleurs pourquoi C. Valantin, député à l'Assemblée nationale du Sénégal, parle d'une « *nationalisation sans nationalisation* » (Valantin, 1975 : 25).

---

[211] « Phosphates de Taïba : Le Sénégal détient désormais 50 % du capital de la compagnie », *Industries et Travaux d'outre-mer*, février 1975, pp. 153-154.

[212] Cette différence d'attitude des deux gouvernements, à l'égard des investisseurs étrangers, a suscité des polémiques dont la presse a fait l'écho. C'est l'exemple d'*Africa*, n° 71, août-septembre 1974, p. 19, qui s'est posé la question suivante : « *Phosphates. Qui aura raison du Togo ou du Sénégal ?* ».

Ces accords portent en eux une transformation de structure des sociétés exploitant les phosphates sénégalais. C'est ce qui est fait, le 7 novembre 1974, pour Taïba, et le 20 février 1975, pour les phosphates de Thiès. Les actionnaires de Taïba transfèrent donc à la République du Sénégal, à compter du 1er janvier 1975, 50 % du capital de la compagnie. L'Etat en a payé le prix (4 282 425 000 F CFA). Le versement de cette somme est déduit des impôts dus par la CSPT pendant les gestions 1974 et 1975. Par ce biais, le Sénégal vient, en matière minière, de manifester qu'il choisit une voie moyenne « d'économie mixte », qui se situe entre la nationalisation et le maintien de la propriété privée majoritaire[213].

A partir du 4 février 1974, la CTMB, société où prédominent les intérêts privés français et américains, a vécu. Il importe alors d'apprécier son impact sur l'économie du Togo au travers de certaines performances.

4. La place effective de la CTMB dans l'économie togolaise

Cette évaluation de la place de la CTMB dans l'économie du Togo se fait à partir de ses productions et du mouvement commercial, par rapport aux investissements réalisés en comparaison d'autres entreprises présentes sur le territoire togolais et à partir de la part des phosphates dans les principaux produits que le pays exporte, de 1967 à 1973.

4.1. Productions et livraisons de la CTMB de 1967 à 1973

Entre 1968 et 1973, l'activité productrice et commerciale de la CTMB se présente dans le tableau ci-après.

---

213 « Phosphates de Taïba : Le Sénégal détient désormais 50 % du capital de la compagnie », *Industries et Travaux d'Outre-mer*, février 1975, pp. 153-154.

Tableau n°9 : Bilan des productions et ventes de la CTMB de 1967 à 1973 (en tonnes)

Année	Productions annuelles	Embarquements annuels	Ventes locales
1968	1 374 000	1 356 702	329
1969	1 472 000	1 463 881	-
1970	1 508 189	1 517 059	60
1971	1 715 314	1 761 762	76
1972	1 927 604	1 855 063	113
1973	2 272 161	2 292 324	154

Source : Labante (2002 : 108).

La production est en croissance continue, de même que les livraisons. A partir de 1968, les productions ainsi que les ventes sont au-delà d'un million de tonnes. Ces tonnages sont atteints grâce à la mise en place de la troisième chaîne. En fait, l'entreprise est en train de consolider ses objectifs. L'année 1973, précédant la nationalisation, enregistre la plus forte production, ainsi que le plus fort tonnage exporté. Cela augure déjà du boom phosphatier que le Togo connaîtra en 1974. Quels sont donc les clients des phosphates au cours de cette période ?

Découvrons-les à travers le tableau qui suit.

Tableau n°10 : Destinataires des phosphates du Togo de 1968 à 1972 (en tonnes)

Années / Destinations	1968	1969	1970	1971	1972
Europe Allemagne occidentale	106 050	139 238	100 200	73 550	76 000
Belgique	80 022	92 827	86 694	102 660	141 635
France	568 621	737 370	849 244	948 192	1 055 090
Italie	22 295	8 940	-	-	-
Pays-Bas	335 687	327 490	352 217	463 453	481 777
Grande-Bretagne	-	-	-	-	-
Norvège	60 685	-	-	-	-
Pologne	-	-	-	21 793	-
Hors Europe Nouvelle-Zélande	28 025	-	-	-	-
Côte d'Ivoire	-	-	1000	1 500	2 000
Bénin	-	-	-	16	-
Japon	155 317	158 016	127 704	107 154	78 286
Liban	-	-	43 460	20 275	-
Togo	329	-	60	60	113
Union indienne	-	-	-	-	-
Total	1 357 031	1 463 881	1 517 119	1 761 838	1 855 174

Source : Notes d'information et statistiques-BCEAO, n° 204, mars 1973-Togo : Indicateurs économiques.

A partir de ce tableau, l'on remarque l'apparition de nouveaux clients entre 1968 et 1972. Ce sont la Grande-Bretagne, la Côte d'Ivoire, la Pologne, le Liban et l'Union indienne. Toutefois, parmi ces nouveaux destinataires, il y en a qui n'achètent pas régulièrement les phosphates du Togo. Les principaux clients restent ceux de la période antérieure. Dans cette catégorie se rangent des pays comme l'Allemagne, la Belgique, la France, le Japon et les Pays-Bas. De façon générale, l'essentiel des productions est écoulé sur le marché européen. Cependant, la France occupe le premier rang pour ce qui est des principaux et fidèles clients. Par exemple, en 1967, les expéditions des phosphates à destination de ce pays représentent 37 % du volume total exporté ou vendu, tandis qu'en 1973, elles sont de 57 %.

Au total, l'entreprise réussit à consolider son assise grâce aux importantes productions qui s'accompagnent d'un mouvement commercial considérable. Toutefois, d'autres indices permettent de mieux cerner la position de la CTMB dans l'économie du Togo.

4.2. La CTMB, entreprise de la première importance au Togo

A partir du second plan quinquennal (1971-1975), le Togo réussit à se doter d'un tissu industriel grâce aux libéralités offertes par le code des investissements. Mais de toutes les unités industrielles implantées au Togo, la CTMB reste la plus importante au début des années 1970, ainsi qu'on le constate à travers le classement des entreprises réalisé en 1973.

Tableau n° 11 : Entreprises togolaises classées suivant l'envergure du chiffre d'affaires de 1971 à 1973

Entreprises	Investissement initial (en millions de francs CFA)	Chiffre d'affaires (en millions de francs CFA)			Personnel		
		1971	1972	1973	1971	1972	1973
CTMB	6 300	5 070	5 277	4 200	1162+ 107	1268+ 127	1 560
Industrie textile du Togo (ITT)	1 270	1 400	2 000	2 650	660+64	670+ 90	840
Compagnie énergie électrique du Togo (CEET)	666	799	1 145	1 517	388+245	458+281	468+ 254
Brasserie du Bénin (BB)	450	802	934	1 090	223	227	200
Ciments du Togo (CIMTOGO)	500	500	1 000	1 100	50	50	50

= : Personnel permanent _ : personnel saisonnier.

Source : Notes d'information et statistiques-BCEAO, n° 210, octobre 1973 : Les industries du Togo, pp. 6-7.

Il apparaît, à la lumière du tableau n° 11, que jusqu'en 1973, la CTMB reste la plus grande industrie du Togo, tant par son chiffre d'affaires que par le personnel qu'elle emploie. Elle est suivie par l'ITT qui réalise, au cours de la même période, des investissements d'une certaine importance et utilise un personnel qui est la moitié de celui de la CTMB. Cette position de la CTMB parmi les entreprises existantes au Togo ne semble-t-elle pas être le mobile inavoué de sa nationalisation ?

Du reste, quelle est la valeur des exportations de la CTMB dans le commerce extérieur du Togo ?

4.3. Les phosphates dans le commerce extérieur du Togo

Le cacao, le café, depuis la période coloniale, et les phosphates, depuis leur entrée en exploitation, constituent les principaux produits que le Togo exporte. De temps à autre, et compte tenu des réalités du marché, l'un de ces produits prend le pas sur l'autre, tel qu'il apparaît dans le tableau ci-après.

Tableau n° 12 : Evaluation de la part des trois grands produits dans les exportations togolaises (en %) de 1968 à 1973

Produits / Années	1968	1969	1970	1971	1972	1973
Café	17	15,2	17,5	17	20,7	13,9
Cacao	24,2	35	42	31,2	29,7	25,8
Phosphates	34	29	24,5	25	37,3	45,6
Part des trois produits	75,2	79,2	84	73,7	87,7	85,3

Source : Akakpo (1977 : 86)

Il est démontré, auparavant, que depuis 1965 les phosphates prennent de l'importance dans les exportations togolaises. Cette ascendance continue jusqu'en 1968. De 1969 à 1971, le cacao reprend la place qui est la sienne dans la valeur des produits exportés, soit 35 %, 42 % et 31 %, respectivement en 1969, 1970 et 1971, contre 29 %, 24,5 % et 25 % pour les phosphates. Quant au café, il est supplanté par les deux autres produits.

Au cours de l'année 1972, les phosphates ravissent de nouveau la vedette au cacao avec 37,3 % contre 27,7 % et, en 1973, 45,6 % contre 25,8 %. Enfin, le record exceptionnel des phosphates, dans les exportations, est atteint en 1974, avec 76,4 % contre 11,9 % pour le cacao et 4,36 % pour le café. Avec ce résultat, l'Etat, désormais propriétaire de la société, parvient à équilibrer la balance commerciale qui jusque-là n'est que déficitaire (Akakpo, 1977 : 86). On peut conclure que de 1968 à 1973, les phosphates occupent une place importante dans le commerce extérieur du Togo avec les produits traditionnels que sont le café et le cacao. Cela implique du coup le rôle prépondérant de la compagnie productrice.

Par ailleurs, il n'est pas sans intérêt de considérer l'évolution de ces trois produits en valeur.

En effet, en valeur, le café et le cacao rapportent plus que les phosphates de 1961 à 1964. Il faut attendre 1965 pour voir les phosphates supplanter les deux autres produits. Cette hégémonie des phosphates, commencée en 1965, est atténuée entre 1969 et 1972, pour reprendre en 1972 et en 1973. De manière générale, cette importance variable des trois produits est fonction des cours mondiaux. Cependant, il semble que les cours mondiaux des produits agricoles soient plus élevés que ceux des matières minérales. La preuve en est qu'en 1969, 1 320 344 tonnes de phosphates rapportent à la CTMB 3 356 millions, tandis que 18 589 tonnes de cacao fournissent 4 025,6 millions (Labante, 2002 : 113). En considérant l'écart entre les tonnages, on se rend à l'évidence que le cacao est plus productif en ressources financières que les phosphates. Ce n'est donc pas *ex nihilo* si l'OPAT a joué un rôle aussi important dans l'économie togolaise.

Au demeurant, le laps de temps de 1967 à 1973 est la période la plus faste pour la CTMB. Contre toute attente, sa vie est écourtée par la nationalisation.

Sous le régime Eyadéma, la CTMB est prise dans un goulet d'étranglement qui finit par l'emporter. En effet, les nouveaux gouvernants du Togo, qui accèdent au pouvoir le 14 avril 1967, introduisent une brèche dans sa stabilité fiscale, par la création de l'IRVM ou IRCM. Ils bousculent également son équilibre financier, établi lors de la convention de 1957, par la signature d'un avenant à cette convention. Désormais, le Togo détient 35 % des actions contre 65 % pour les actionnaires privés.

D'autre part, aux prises avec les populations qui s'opposent à l'extension de son chantier d'extraction dans le domaine de Kpogamé-Avéta, elle essaie d'en découdre. Mais déterminé à devenir majoritaire dans le capital de la compagnie, l'Etat, au lieu d'une résolution amiable, opte pour un coup de force. La principale conséquence en est la nationalisation de la compagnie. Cet acte met fin à l'aventure des investisseurs qui, depuis 1954, œuvrent constamment pour la mise en valeur des phosphates du Togo.

CONCLUSION DE LA TROISIEME PARTIE

Entre septembre 1961 et le 4 février 1974 – période effective du fonctionnement de la CTMB au Togo –, la compagnie tente et réussit, dans un premier temps, à se faire une place dans le monde des débouchés, grâce à l'excellente qualité de son produit. Sous la 1re et la 2e République, elle continue de bénéficier d'une stabilité fiscale qui lui est garantie par l'agrément au régime fiscal particulier des entreprises agréées. Toutefois, cet acquis de la société est remis en cause, en 1969, avec l'introduction de l'IRCM ou IRVM dans la fiscalité par le gouvernement Eyadéma.

La CTMB n'est pas encore au bout des tribulations, quand l'Etat formule la demande d'obtenir une participation supérieure à celle qui lui est réservée lors de l'accord du 12 septembre 1957. A l'issue des négociations, au cours desquelles aurait prévalu l'esprit de compréhension mutuelle, le Togo reçoit 16 %, ce qui augmente sa part à 35 % par l'émission d'actions à partir de 1973. Pour la circonstance, il serait établi un échéancier pour permettre à l'Etat de devenir majoritaire avec 51 % du capital. La date butoir devrait être le 1er janvier 1987. Mais le président Eyadéma passe outre cet accord et annonce sa décision unilatérale de porter la participation de la République togolaise à 51 %, par apport du gisement. Sous l'effet d'un « curieux hasard », l'avion présidentiel, deux semaines après cette décision, s'écrase à Sarakawa. Après ces évènements, qui seraient, selon les autorités togolaises, machinés par les responsables de la CTMB, cette entreprise passe sous le contrôle de l'Etat.

Du reste, de 1961 à 1974, la CTMB demeure la première industrie du pays grâce à son chiffre d'affaires et à l'importance de ses employés. En fait, elle rend service à l'économie du Togo. Non seulement elle distribue des salaires à un personnel important, mais aussi ses productions occupent une place de choix dans les exportations togolaises. Enfin, elle s'acquitte d'innombrables taxes, impôts et redevances qui ne sont pas négligeables. La position de premier plan de l'entreprise est, sans doute, la raison inavouée qui amène l'Etat à se battre pour la mettre sous son contrôle direct.

CONCLUSION GENERALE

Décrypter l'environnement dans lequel la CTMB a exploité les phosphates du Togo et mettre en exergue l'impact socioéconomique de ses activités de 1954 à 1974, tel est le propos du présent ouvrage. Pour ce faire, il a été nécessaire de revisiter la politique de promotion des investissements privés en Afrique noire sous domination française. Celle-ci a consisté à accorder des garanties financières en métropole et à octroyer des avantages fiscaux, tant en métropole que dans l'outre-mer. Avec ces investissements, la France a essayé de réaliser, tant bien que mal, le programme de modernisation de ses TOM. Elle comptait, en effet, sur les apports privés pour industrialiser ces territoires, en vue du relèvement rapide de leur niveau de vie. Mais les résultats sont mitigés. Seules les industries légères, comme les industries extractives, et de transformation ont été implantées avec, quelquefois, des débuts difficiles.

En faisant concéder à certaines entreprises des régimes fiscaux de longue durée dans une conjoncture caractérisée par des velléités d'indépendance, l'on peut avec raison se demander si la métropole n'était pas en train de renforcer sa présence d'une manière insidieuse. En d'autres termes, l'indépendance politique a été acquise et il revenait aux nouveaux Etats de conquérir l'indépendance économique.

Au Togo, les conditions de l'investissement privé sont calquées sur la politique alors en vogue dans les TOM, en dépit de son statut particulier. L'originalité de ce territoire tient au fait qu'il concède aux entreprises bénéficiaires un régime fiscal spécial en fonction du montant de leurs investissements. Les sociétés agréées au bénéfice de ce régime ne sont plus assujetties à tout impôt postérieur à la loi n° 57-36 du 11 septembre 1957. Dans tous les cas, ce régime constitue une entrave à la fiscalité. Le problème est toujours d'actualité puisque, parmi les mesures d'attrait des capitaux étrangers, l'allégement de la fiscalité constitue l'attraction de taille présentée par le Togo. Tout de même, la fiscalité n'est pas toujours déterminante pour le succès d'une entreprise. D'importants efforts d'investissement et d'autres conditions, comme la réalisation d'infrastructures, la recherche de financements et de débouchés, le recrutement du personnel, etc., sont indispensables.

Quant à la SMB, devenue CTMB, premier bénéficiaire du régime fiscal particulier en vigueur au Togo de 1957 à 1965, elle consent de gros efforts financiers pour concrétiser le projet de mise en valeur des phosphates. Les investissements initiaux qu'elle a réalisés se chiffrent à 6 300 millions de francs CFA, contre 1 270 millions pour l'ITT et 450 millions pour la BB. Même après démarrage de l'exploitation, elle continue ces efforts afin de renforcer son assise. Ses investissements font d'elle la première entreprise du Togo. En 1971 et 1972, elle investit respectivement 5 070 millions de francs CFA et 5 277 millions, contre 799 millions de francs CFA et 1 145 millions pour l'ITT, au cours de la même période.

Elle est aussi la société parapublique qui emploie le plus de Togolais : 1 560 travailleurs en 1973 contre 840 pour l'ITT, 200 pour la BB et 50 pour CIMTOGO. Ce n'est donc pas *ex nihilo* que l'OTP est devenu le deuxième employeur après l'Etat jusqu'en 2002.

Ses productions occupent également une place de choix dans les exportations du pays. Les phosphates représentent, en 1969 et en 1972, respectivement 29 et 37,3 % contre 35 et 29,7 % pour le cacao au cours du même intervalle de temps. Compte tenu du caractère international du commerce des phosphates, la

CTMB fait rentrer des devises fortes, qui facilitent les échanges du Togo avec l'extérieur.

Par ailleurs, la compagnie s'acquitte des taxes, redevances et impôts auxquels elle est assujettie. Les différents budgets de 1961 à 1973 font ressortir les rubriques des sommes versées par la CTMB au profit du trésor public. Ainsi, en 1971, elle procure au budget du Togo 1 063 millions de francs CFA. A compter de 1969, elle verse des sommes provenant de l'application à ses dividendes d'une taxe de 9 % (l'IRCM ou IRCM)[214].

La CTMB contribue, de plus, à la bonne marche de certains organismes publics, à l'instar de la Caisse nationale de sécurité sociale (CNSS) et de l'OPAT qui lui octroient des prêts. Ceux-ci lui permettent de financer une partie de ses activités. Etant solvable, elle aide ces établissements publics à accroître leurs bénéfices. En 1971, elle leur rembourse un peu plus d'un milliard. La BTD participe, également, au financement des activités de la compagnie. Au cours de l'année 1971 intervient entre cette banque et la CTMB un protocole d'accord créant un fonds spécial d'aide au logement[215]. Ce fonds lui permet d'étendre la cité minière. Par ailleurs, la société reçoit un financement relais de 375 millions de la BTD, en 1972, dans le cadre du programme d'exploitation de la carrière Kpogamé-Avéta. En résumé, certains établissements publics et bancaires du Togo font de bonnes affaires avec la CTMB. Cette société octroie, en outre, des bourses à certains citoyens togolais.

Néanmoins, les conditions de rémunération du personnel ne sont pas favorables jusqu'en 1973. Au cours de l'année 1971, elle distribue 477 millions de salaires pour un effectif de 1 162 agents. Cette faible rétribution des employés peut être tributaire de l'importance des bénéfices que la société a obtenus. Elle peut aussi dépendre de l'Etat togolais qui n'a pas modifié les conventions collectives de 1959, fixant les salaires des travailleurs des industries du Togo. En vertu de ces dispositions,

---

[214] *Togo-Presse* du 22 novembre 1972.
[215] *Togo-Presse* du 22 novembre 1972.

le salaire de la première catégorie est de 4 800 francs CFA tandis que celui de la dernière catégorie (septième) est de 18 500 francs CFA[216].

Sur le plan professionnel, en revanche, elle se préoccupe de la formation et du perfectionnement de son personnel à Kpémé. Certains agents bénéficient de logements et, à partir de mars 1967, une gratification annuelle est instituée, dépassant un peu plus le salaire mensuel, pour tous les travailleurs de la société. Au cours de l'année 1971, la compagnie décide de récompenser ses agents les plus anciens (15 ans de fonction) pour services rendus. Cette récompense consiste en une médaille d'honneur et en une gratification spéciale de 100 000 francs CFA (neuf personnes en bénéficient le 5 août 1972)[217].

Cependant, la CTMB n'inscrit pas dans son agenda la promotion des localités où elle exerce ses activités. Les avantages tirés par ces contrées sont bien maigres. Hahotoé et Kpémé ne bénéficient de la CTMB que des dispensaires, des écoles et de l'adduction d'eau potable. A Hahotoé en l'occurrence, les populations sont déplacées et les indemnités reçues ne leur permettent pas de vivre décemment. Si la CTMB est excusable, parce qu'elle est une entreprise dominée par les intérêts privés étrangers et donc privilégie le profit au détriment du social, l'OTP ne le mérite pas. Qu'a-t-il fait pour ces villages miniers dont la richesse du sous-sol sert à développer d'autres localités à leurs dépens ? L'intérêt supérieur de la nation et le souci d'une répartition équitable des ressources phosphatières devaient commander les pouvoirs publics à s'intéresser au sort des paysans, qui ont perdu leurs terres du fait de l'exploitation des phosphates.

Tout compte fait, de 1954 à 1973, les partenaires de la CTMB consentent des efforts pour assurer la viabilité de leur entreprise. Il paraît que les capitaux sont immobilisés pendant

[216] Pour de plus amples renseignements sur ces conventions collectives, cf. *Inventaire économique du Togo 1962- 1963*.
[217] *Togo-Presse* du 7 août 1972.

13 ans, donc de 1954 à 1966. Ces avatars retardent d'ailleurs l'achèvement de la participation de l'Etat[218]. C'est donc à partir de 1967 que les actionnaires commencent à avoir droit aux dividendes. En dépit de tous ces sacrifices, les actionnaires ne peuvent jouir longuement des prébendes de leur activité. En effet, le régime Eyadéma, arrivé au pouvoir de façon inconstitutionnelle, cherche à justifier la noblesse de son intervention dans la vie politique. La CTMB, par un incident malencontreux, en fait les frais. Elle est donc nationalisée et cet acte suscite une vive adhésion du peuple togolais, qui contribue à cristalliser le régime.

La nationalisation n'est pas un acte extraordinaire. Il est légitime qu'un Etat cherche à placer sous son contrôle une entreprise stratégique, en vue de mieux servir l'intérêt public. En fait, le Togo n'en est pas à sa première nationalisation. Déjà en 1964, l'Union électrique coloniale (UNELCO) est nationalisée et est devenue la Compagnie énergie électrique du Togo (CEET). Pour ce qui est du transfert des biens privés à la collectivité publique, l'important est la gestion qui en est faite. Pour le cas de la CTMB, la gestion, au début, permet de faire d'importantes réalisations. Ainsi, les ressources du boom phosphatier ont permis la mise en place de l'infrastructure hôtelière à Lomé et, dans certaines préfectures, la multiplication des écoles et des hôpitaux et la politique des grands travaux (développement de l'infrastructure routière, construction de grands immeubles à l'instar de ceux qui abritent le Centre administratif des services économiques et financiers, le Trésor public et le ministère de l'Equipement et des Mines). Mais, par la suite, sous l'effet de la chute des cours mondiaux des matières premières, les résultats deviennent de moins en moins perceptibles. Il y a lieu de relever que la nationalisation énergique de la CTMB cause un tort inavoué à l'économie togolaise. En effet, de 1974 à 1989, aucune entreprise de grande envergure, comme la CTMB, n'investit au Togo.

---

[218] Cf. « La CTMB, une affaire dynamique et florissante », *Togo-Presse*, numéro spécial du 27 avril 1970.

D'autre part, à partir de 1974, deux organismes s'occupent de la gestion des phosphates : la CTMB, société d'Etat, qui continue la tâche qui est la sienne avant la nationalisation, et l'Office togolais des phosphates (OTP), remplaçant de l'UPHA, qui a pour tâche la commercialisation des produits de la CTMB. Il achète à celle-ci les phosphates à un prix fixé par décret présidentiel. Pour réduire les dépenses de fonctionnement, l'Etat décide, en 1980, de confier la gestion exclusive du secteur phosphatier à l'OTP. Désormais, celui-ci s'occupe à la fois de la recherche, de l'extraction, de l'enrichissement et de la commercialisation jusqu'à sa privatisation par l'Etat en 2002.

A la lumière de cette étude, il apparaît que la CTMB n'a pas pu réaliser des profits incommensurables, largement diffusés par certaines revues et presses. Ces chiffres sont à relativiser car, en treize ans d'exploitation, il est inconcevable qu'elle puisse amortir ses emprunts et matériels afin de défalquer des bénéfices très considérables. A titre d'exemples, en 1969, les phosphates rapportent 3 356 millions de francs CFA, tandis que le cacao fait rentrer 4 025,6 millions (Akakpo, 1977 : 86). Mais *Jeune Afrique Economie* écrit qu'en 1969, la CTMB réalise des bénéfices de 10 milliards de francs CFA y compris les amortissements. Les élucubrations de cette presse, à caractère propagandiste, sont fort évidentes. D'après les informations du *Bulletin mensuel de la Chambre de commerce, d'agriculture et d'industrie du Togo* d'octobre 1972, la CTMB réalise, au cours de l'exercice 1971, un bénéfice global évalué à plus de 2 milliards de francs CFA. La participation au bénéfice versée par la compagnie au gouvernement togolais est d'environ 228 millions de francs CFA. Parfois, la CTMB ne parvient pas à s'autofinancer. Pour le programme de mise en valeur du gisement de Kpogamé-Avéta en 1972, il faut 3 985 millions de francs CFA[219]. C'est dire que le reste, soit 1 375 millions, doit provenir de crédits divers.

---

[219] *Togo-Presse* du 1er juillet 1972, interview du directeur de la BTD, Bawa Mankoubi, suite à l'octroi du prêt relai à la CTMB.

Au cours des 13 ans d'exploitation, la CTMB installe trois chaînes de production tandis que de 1974 à la restructuration de l'OTP en 2001, l'Etat n'ajoute qu'une seule chaîne. Ce manque d'entretien, renforcé par une mauvaise gestion, entraîne l'obsolescence du matériel et donc la baisse de la production. Avec cette déconfiture, le seul moyen de se tirer d'affaire reste la privatisation. Ainsi, le 17 décembre 2001, la restructuration de l'OTP est annoncée. Cette décision est confirmée par le communiqué sanctionnant le conseil des ministres du 30 janvier 2002. Selon les termes de ce communiqué, les organes de direction, de gestion et de délibération de l'OTP sont dissous à compter du 23 janvier 2002. Quant à la nouvelle société IFG-TG, elle a pour mission de réhabiliter les infrastructures de production de l'office afin d'accroître le volume de phosphates marchands et de doter le pays d'une usine de production d'acide phosphorique dans un délai de cinq ans[220].

Avant de se voir confier cette délicate mission, cette société assure la gestion intérimaire de l'OTP. Celle-ci est prévue pour durer deux ans, délai au bout duquel l'OTP doit être privatisé. Cette anticipation dénote des difficultés qui laminent le secteur des phosphates. L'IFG, comme son successeur la Société nouvelle des phosphates du Togo (SNPT), ne peut, malheureusement, relever le défi, malgré le plan de relance de la filière mis en place en 2010, estimé à plus de 200 milliards (Mieu, 2015).

[220] *Togo-Presse* du 31 janvier 2002.

ANNEXES

Annexe n° 1 : Convention aux fins de mise en valeur économique du gisement de phosphates de chaux du Togo, signée le 12 septembre 1957

(Journal officiel de la République autonome du Togo du 1er octobre 1957, pp. 701-706)

Entre :

La République autonome du Togo, représentée par son Premier ministre, M. Nicolas Grunitzky,

d'une part ;

la Société minière du Bénin, représentée par son administrateur-délégué, M. Max Robert,

d'autre part ;

Il a été reconnu et convenu ce qui suit :

CHAPITRE I

Objet de la Convention

Article premier.-Les parties contractantes, reconnaissant l'intérêt que présente pour le développement économique du Togo la mise en valeur du gisement de phosphates de chaux du Togo concédé à la Société minière du Bénin et l'importance des capitaux nécessaires à cette mise en valeur ont estimé nécessaire de préciser dans la présente convention les obligations contractuelles de la Société minière du Bénin et les engagements contractuels que prend à son égard la République autonome du Togo pour lui garantir des conditions de fonctionnement aussi stables que possible.

CHAPITRE II

Obligations générales de la Société minière du Bénin.

ART. 2.-Sauf cas de force majeure, la Société minière du Bénin s'engage à créer, dans le plus bref délai possible à compter de son agrément au bénéfice du régime fiscal particulier prévu par la loi, à cinq années, tous équipements nécessaires à l'exploitation du gisement de phosphates de chaux du Togo concédé à la Société minière du Bénin pour une capacité de production annuelle minimum de 850 000 tonnes brutes ou 500 000 tonnes marchandes de phosphates de chaux.

La société s'engage en outre à créer, dans le délai et sous la réserve indiqués ci-dessus, les équipements nécessaires à la desserte de ses installations, à ses approvisionnements et à l'évacuation de sa production.

ART. 3.-La Société minière du Bénin s'engage à compléter en temps utile ses équipements, sous réserve que la rentabilité de ces extensions soit assurée, de telle façon que la capacité de production soit portée, en même temps que et dans la mesure où augmenteront les possibilités de commercialisation de ces produits, jusqu'à 1 700 000 tonnes brutes ou 1 700 000 tonnes marchandes par an.

Si les circonstances le permettaient, la Société minière du Bénin s'efforcerait, sous les mêmes réserves que ci-dessus, de dépasser ces capacités de production.

ART. 4.-La Société minière du Bénin s'engage à porter en temps utile son capital, en une ou plusieurs fois, a un montant suffisant pour atteindre les objectifs indiqués aux articles 2 et 3. Ce montant ne sera pas, en tout état de cause, inférieur à 1,25 milliard de francs CFA.

ART. 5-La Société minière du Bénin s'engage à offrir à la République autonome du Togo une participation dans son capital jusqu'à concurrence de 25 % de la partie du capital souscrite par les actionnaires privés, étant entendu que la République autonome du Togo aura la possibilité, si elle le désire, de renoncer à cet avantage. La Société minière du Bénin notifiera au Premier ministre par lettre recommandée, deux mois au moins à l'avance, la date de chacune des augmentations de capital destinées à porter ce dernier au montant prévu à l'article 4 avant démarrage de l'exploitation. Le Premier ministre fera connaître à la société, dans le délai de deux mois, par lettre recommandée, si la République autonome du Togo entend souscrire la part de capital qui lui est réservée, y compris ou non la part correspondant au capital initial ou aux augmentations précédentes ou aux augmentations précédentes de capital, si la République autonome n'a pas épuisé précédemment son droit de prise de participation.

Si le Premier ministre n'a pas fait connaître sa décision dans le délai de deux mois précité, son silence aura la valeur d'une réponse négative.

Quelle que soit la position prise par la République autonome à l'occasion des augmentations successives du capital de la société, l'offre précitée restera valable,

- d'une part jusqu'à la dernière augmentation de capital portant ce dernier, avant démarrage de l'exploitation, au montant prévu à l'article 4,

- d'autre part jusqu'à l'expiration de l'option éventuellement accordée par la Société minière du Bénin à la Caisse centrale de la France d'outre-mer pour transformer en actions de capital une partie du prêt qui lui aurait été consenti par cet organisme.

Afin de permettre au gouvernement de la République autonome du Togo de prendre les dispositions nécessaires pour souscrire, dans les conditions définies ci-dessus, sa participation au capital prévu à l'article 4 avant démarrage de l'exploitation, la Société minière du Bénin s'engage à fournir le programme des augmentations successives de capital dans un délai maximum de deux mois après signature de la convention que la Société minière du Bénin aura conclue avec la Caisse centrale de la France d'outre-mer.

De même si le développement ultérieur de l'exploitation nécessitait de nouvelles augmentations du capital social, la Société minière du Bénin s'engage, sauf dans le cas où la vie de l'entreprise nécessiterait une décision d'extrême urgence, à fournir le programme des augmentations prévues avec un préavis d'un an.

ART. 6-La Société minière du Bénin s'engage à mettre à la disposition de la République autonome du Togo un nombre de mandats d'administrateur de la société en rapport avec la participation de la République autonome dans son capital.

En tout état de cause et quel que soit le montant de cette participation, la Société minière du Bénin s'engage à mettre immédiatement deux mandats d'administrateur de la société à la disposition de la République autonome.

Les statuts de la Société minière du Bénin seront modifiés en conséquence dans le délai de trois mois suivant la signature de la présente convention.

ART. 7-La Société minière du Bénin s'engage à affecter à la satisfaction des besoins propres de l'agriculture togolaise en phosphates de chaux une part suffisante de sa production, qui, dans la limite de 5 % des livraisons totales de la société, sera facturée à un prix vrac sur wagons ou camions au départ de son usine inférieur de 25 % au prix à l'époque considérée.

ART. 8-Dans toute la mesure compatible avec les possibilités de financement et les exigences de la technique, de la production et de la rentabilité, la Société minière du Bénin :

- favorisera l'emploi de la main-d'œuvre togolaise,
- encouragera le développement de la formation professionnelle et technique,
- permettra l'accession des Togolais à tous emplois disponibles en rapport avec leur capacité, y compris les emplois de maîtrise et de cadre,
- prendra chaque année, s'il lui en est fait la demande, pour une durée maximum d'un an, en qualité de stagiaires rémunérés, deux citoyens togolais au moins, diplômés d'une école supérieure technique,
- favorisera la construction progressive de logements, dans les conditions normales d'hygiène et de salubrité, pour les agents de son entreprise,
- créera un dispensaire médical correspondant aux besoins normaux des travailleurs employés dans son entreprise et de leurs familles,
- encouragera le développement de la culture et des sports parmi les membres de son personnel.

ART. 9-La Société minière du Bénin s'engage à exploiter les phosphates de chaux suivant les règles de l'art adaptées au type de gisement des concessions et avec la préoccupation de rendre autant que possible les terrains de nouveau propres à leur usage antérieur dans un délai maximum de dix ans après le passage de l'exploitation.

ART. 10-La Société minière du Bénin s'engage à construire s'il y a lieu et entretenir les locaux ou aménagements divers qui se révèleraient indispensables au fonctionnement des services de la douane, de la police, de la santé et de l'inscription maritime chargés spécialement de la surveillance des opérations effectuées pour son compte. Ces locaux seront prévus pour un effectif total de six agents au maximum.

La Société minière du Bénin remboursera à la République autonome du Togo les traitements et indemnités et pourvoira au logement des agents des douanes chargés spécialement de la surveillance des opérations effectuées pour son compte. En tout état de cause, l'effectif de ce service pris en charge ne pourra dépasser trois agents.

Elle s'engage à autoriser l'administration, dans des conditions à débattre et dans la mesure où les servitudes ainsi créées ne seraient pas incompatibles avec le fonctionnement normal de ses installations portuaires, à utiliser ces dernières pour la mise en place des équipements nécessaires :

a) à la prise d'eau de mer,

b) à la manutention en vrac des produits liquides de toute nature.

ART. 11-Aucun manquement à la présente convention ne pourra être relevé à la charge de la Société minière du Bénin s'il résulte d'un cas de force majeure.

ART. 12-La Société minière du Bénin ne pourra renoncer totalement à l'ensemble de ses concessions dans les conditions de l'article 52 du décret minier du 26 octobre 1927 sans proposer au préalable à la République autonome du Togo le transfert de ses concessions et la cession des moyens nécessaires à la continuité de l'exploitation.

Ces moyens devront être tels qu'ils permettent ce nouveau concessionnaire choisi par la République autonome de poursuivre la production sans interruption sur la base d'un minimum annuel de 500 000 tonnes de minerai marchand.

La République autonome du Togo devra, dans un délai de six mois à compter de la proposition présentée par la Société minière du Bénin, faire connaître si elle accepte ou non le transfert prévu au premier alinéa du présent article.

Dans le cas d'une réponse affirmative, la consistance des moyens à céder par la Société minière du Bénin ainsi que le prix de cession desdits moyens seront fixés à dire d'experts et éventuellement après recours à la procédure prévue à l'article 29 ci-dessous, compte tenu de l'état des installations et des matériels cédés. Le prix de cession sera payable à Paris dans le délai d'un an à compter du transfert des concessions.

CHAPITRE III

Garanties accordées par la République autonome du Togo

ART. 13 La République autonome du Togo s'engage à ne pas priver la Société minière du Bénin du bénéfice des dispositions existant à la date d'entrée en vigueur de la présente convention, telle que cette date est définie à l'article 27 ci-dessous, qui sont essentielles au succès de l'entreprise considérée et notamment des dispositions visées aux articles 14 à 25 ci-après.

Au cas où des dispositions légales ou réglementaires viendraient modifier le régime actuellement en vigueur, la République autonome du Togo fera le nécessaire pour que les dérogations utiles soient assurées à la Société minière du Bénin si celle-ci en fait la demande.

ART. 14-Au cas où interviendraient des modifications d'ordre législatif ou réglementaire de la compétence de la République autonome du Togo, celle-ci s'engage à maintenir, par dérogation expresse, au profit de la Société minière du Bénin, sauf si celle-ci demandait à se prévaloir des nouvelles dispositions, le bénéfice des dispositions antérieures concernant le régime des substances minérales et des droits miniers correspondants (permis de recherche, concessions) attribués à la Société.

En particulier, il ne sera apporté, du fait de la République autonome du Togo, aucune modification aux textes ayant institué les concessions déjà accordées à la Société minière du Bénin et les décrets institutifs des concessions qui seront accordées ultérieurement à cette société seront conformes à ces textes.

Conformément aux dispositions de l'article 12 des décrets institutifs, les concessions accordées à la Société minière du Bénin le 5 avril 1957 (J.O. du 9 avril 1957) sont et resteront soumises à la présente convention ; il en sera de même pour les permis déjà accordés et les concessions en résultant.

ART. 15-En vue de permettre à la Société minière du Bénin de satisfaire aux obligations de productions visées à l'article 2 ci-dessus et d'accroître, dans l'intérêt du développement économique du Togo, la capacité de production comme il est indiqué à l'article 3 ci-dessus, la République autonome du Togo, sauf impossibilité découlant d'un cas de force majeure et sous réserve que la société satisfasse aux obligations prévues par la législation et la réglementation existant à la date de la signature de la présente convention :

- accordera à la Société minière du Bénin, dans les délais normaux, les permis de recherche portant sur les phosphates qui lui ont été ou seront demandés par la société ;
- instituera dans les délais normaux et si possible dans le délai d'un an après le dépôt de la demande, conformément aux dispositions de l'article 45 du décret minier du 26 octobre 1927, les concessions auxquelles donnent ou donneront droit, conformément aux dispositions de l'article 37 du décret précité, les permis de recherches dont la Société minière du Bénin est ou sera titulaire.

A l'égard des obligations de travaux qui sont imposées par la législation et la réglementation en vigueur, notamment par les articles 56 et 58 du décret au 26 octobre 1927 à tout titulaire de concession, il est entendu que seront pris en considération, pour l'ensemble des concessions dont se trouvera titulaire la Société minière du Bénin, les travaux effectués dans l'une ou plusieurs de ces concessions, même si celles-ci ne sont pas contiguës. A cet effet la République autonome du Togo ne s'opposera pas, si la Société minière du Bénin lui en fait la demande, à la réunion ou la fusion des concessions de phosphates de chaux dont elle est ou sera titulaire.

La République autonome du Togo s'engage à accorder à la Société minière du Bénin, si cette dernière en fait la demande dans les formes et délais fixés par l'article 38 du décret minier du 26 octobre 1927, les deux renouvellements de concessions prévus par ledit décret, à la condition que la société ait rempli les engagements faisant l'objet des articles 2 à 10 inclus ci-dessus, sauf cas de force majeure visé à l'article 11 ci-dessus.

La Société minière du Bénin s'engage bénévolement à abandonner gratuitement à la République autonome du Togo, à l'expiration des concessions y compris les renouvellements prévus à l'alinéa ci-dessus, la mine et ses dépendances immobilières. Seront considérés comme dépendances immobilières les terrains, bâtiments, ouvrages, machines, appareils et engins de toute nature servant à l'exploitation et entretenus en bon état de marche.

ART. 16-La République autonome du Togo n'apportera pas de discriminations ni de modifications défavorables et opposables à la Société minière du Bénin en matière de législation et de réglementation des sociétés, notamment en ce qui concerne les règles régissant la constitution, le fonctionnement et la liquidation des sociétés, la libre cession des actions ou des parts, et, d'une manière générale, les règles régissant les rapports entre société et actionnaires.

La République autonome du Togo n'édictera pas de règles applicables à la société et impliquant une discrimination directe ou indirecte, fondée sur l'identité ou la nationalité des personnes physiques ou morales en cause.

En particulier aucune restriction, autre que celles existant éventuellement à la date de la signature de la présente convention, sous réserve des dispositions prévues aux articles 5 et 6 ci-dessus, ne sera apportée au libre choix des actionnaires, des personnes physiques chargées de la direction ou du contrôle de la Société minière du Bénin non plus qu'à la liberté des décisions prises par les représentants des actionnaires et concernant la structure ou la gestion technique, administrative, commerciale ou financière de la société, ainsi que l'exploitation rationnelle de son domaine minier.

ART. 17-L'ensemble des conditions faites pour son entreprise et garanties par la présente convention à la Société minière du Bénin lui resteront acquises quelles que soient les conditions faites à d'autres sociétés.

Si, en revanche, il était accordé par voie de dispositions générales, à d'autres entreprises se trouvant dans une situation comparable à celle de la Société minière du Bénin, des conditions que cette dernière estimerait plus avantageuses, la Société minière du Bénin en pourrait obtenir le bénéfice.

Sous réserve des dispositions qui précèdent, aucune discrimination de droit ni de fait ne devra frapper la Société minière du Bénin.

ART.18-La République autonome du Togo ne fera pas obstacle :

- à la libre importation et à la libre circulation au Togo des matériels, matières et approvisionnements nécessaires à la Société minière du Bénin ;
- au libre recrutement, compte tenu des dispositions de l'article 8, de la main-d'œuvre et des techniciens ou agents administratifs indispensables, à leur libre entrée et à leur libre circulation au Togo, ainsi qu'à leur libre départ en fin de contrat ;
- à la libre commercialisation du phosphate de chaux et à sa libre exportation sous réserve des dispositions prévues à l'article 7 ci-dessus.

ART. 19-La République autonome du Togo n'aggravera pas les conditions administratives, techniques et financières faites initialement à la Société minière du Bénin pour ses exploitations :

- occupation des terrains prévus par la législation minière,
- centrale électrique et transport d'énergie,
- transport de minerai,
- usine de traitement (laverie, séchage, etc.)
- stockages
- prises d'eau,
- évacuation des boues,
- occupation du domaine public maritime,
- installations portuaires, etc.

Etant entendu que la Société minière du Bénin se conformera dans ses installations et ses consignes d'exploitation aux règlements administratifs techniques de sécurité pris ou qui seront pris au Togo.

Compte tenu des besoins essentiels des populations, la République autonome du Togo donnera à la Société minière du Bénin toutes facilités et autorisations nécessaires pour l'approvisionnement en eau de mer et en eau douce de ses installations industrielles et de ses centres d'habitation, ainsi que pour l'évacuation des boues de laverie et autres déchets, soit à la mer, soit dans les zones terrestres convenables, suivant les besoins de l'exploitation.

ART. 20- Pour que la Société minière du Bénin puisse maintenir ses installations en parfait état de marche, le calcul des amortissements des immobilisations figurant au bilan de la société pourra être effectué suivant le tableau annexé à la présente convention, qui prévoit des taux progressifs en raison du développement espéré de la production annuelle.

ART. 21- Il est expressément disposé par la présente convention que la Société minière du Bénin n'adressera à la République autonome du Togo aucune réclamation découlant des aléas techniques de son entreprise ou de l'évolution de la conjoncture économique générale. La République autonome du Togo, consciente des conditions générales d'ordre législatif et administratif qui définissent la rentabilité de l'entreprise, au capital de laquelle participera la République autonome, est, en ce qui la concerne, résolue à ne pas prendre de mesures susceptibles de modifier l'équilibre général ainsi réalisé.

En particulier, la République autonome s'engage à faire en sorte que l'ensemble des droits (notamment droit de sortie) et, d'une façon générale, des tarifs, taxes et redevances de toute nature applicables aux produits de la société, à la seule exclusion de la taxe proportionnelle minière (redevance minière ad valorem) ne dépasse pas 5 % du prix de vente moyen obtenu en faisant la moyenne annuelle pondérée des valeurs F.O.B., au point de sortie du Togo, du tonnage marchand exporté du Togo pendant l'année considérée et des valeurs vrac sur wagons ou camions, au départ de l'usine de la Société minière du Bénin, du tonnage marchand vendu au Togo pendant l'année considérée.

En outre, compte tenu également du caractère international du marché des phosphates, et au cas où interviendraient des modifications d'ordre législatif ou réglementaire de la compétence de la République autonome, celle-ci ne prendra pas de position qui tendrait à faire obstacle à la libre circulation des capitaux de la Société minière du Bénin, et notamment :

- à la libre exportation des sommes dues par la société aux fournisseurs, aux affréteurs, aux actionnaires, aux commissionnaires et, d'une façon générale, des sommes que la société doit à au titre quelconque,
- à la libre réception par la Société minière du Bénin des sommes qui lui sont dues à quelque titre que ce soit et des devises correspondantes.

ART. 22- La République autonome du Togo s'engage à prendre une position favorable à la conclusion de tout accord permettant d'éviter la double imposition des revenus de toutes sortes provenant de l'activité de la Société minière du Bénin (rémunérations, dividendes, tantièmes, etc.) au Togo d'une part, dans tout autre pays d'autre part.

ART. 23-La République autonome du Togo et la Société minière du Bénin reconnaissent que l'application de la présente convention doit être poursuivie dans le respect des principes inscrits dans la Déclaration universelle des droits de l'homme et dans le préambule de la Constitution de la République française, principes rappelés à l'article 10 des statuts de la République autonome du Togo.

ART. 24-La République autonome du Togo facilitera à la Société minière du Bénin toutes les opérations nécessaires à la mise en place de ses installations et à son exploitation dans les conditions prévues par la législation minière en vigueur au Togo à la signature de la présente convention.

ART. 25-Afin d'assurer, dès le démarrage de l'exploitation, un rendement immédiat et certain de la redevance minière annuelle prévue à l'article 54 du décret minier du 26 octobre 1927, la République autonome décide d'exercer le choix prévu par l'article précité en optant définitivement pour la taxe proportionnelle ; une participation aux bénéfices étant acquise par ailleurs à la République autonome du fait de sa participation au capital de la Société minière du Bénin.

ART. 26- Aucun manquement à la présente convention ne pourra être relevé à la charge de la République autonome du Togo s'il résulte d'un cas de force majeure.

CHAPITRE IV

Durée de la convention

ART. 27-Conformément aux dispositions de l'article 54 du décret minier du 26 octobre 1927, la présente convention est conclue pour la durée de validité des droits miniers concédés à la Société minière du Bénin en matière de phosphates de chaux, y compris les prolongements de validité susceptibles d'être accordés en vertu des dispositions de la législation minière.

Les obligations des parties prendront effet dès que les préalables essentiels ci-dessous auront été réalisés :

- notification à la société du décret d'agrément de la Société minière du Bénin ;
- publication au Journal officiel du Togo du décret d'agrément de la Société minière du Bénin fixant la date d'origine et la durée du régime fiscal de longue durée ;
- signature de la convention à intervenir entre la Caisse centrale de la France d'outre-mer et la Société minière du Bénin, cette dernière s'engageant à notifier cette signature au Premier ministre, par lettre recommandée, dans le délai de 8 jours francs suivant cette signature.

Les obligations des parties seraient suspendues au cas où, et tant que la Société minière du Bénin ne pourrait obtenir de l'Office des changes les devises nécessaires à l'achat du matériel indispensable, la Société minière s'engageant à notifier au Premier ministre, par lettre recommandée, cette impossibilité dans le délai de 8 jours francs suivant le refus de l'Office des changes, et à notifier la cessation de cette impossibilité dans les mêmes conditions et délais.

CHAPITRE V

Clause de révision

ART. 28 – A la demande de l'une des parties, il pourra être procédé à l'étude de la révision d'une ou plusieurs clauses de la présente convention, cette révision ne pourra intervenir que d'un commun accord entre les parties.

CHAPITRE VI

Clause d'arbitrage

ART. 29 – En cas de contestation portant sur l'interprétation, l'exécution ou la validité de la présente convention et si les parties contractantes ne peuvent se mettre d'accord, le différend devra être soumis à l'arbitrage dès que l'une des parties en fera la demande à l'autre partie par lettre recommandée.

La Commission d'arbitrage sera composée de deux membres, un membre désigné par le Premier ministre agissant au nom de la République autonome du Togo, un membre désigné par la Société minière du Bénin, à moins que les parties ne se mettent d'accord pour désigner le même arbitre. Le ou les membres de la Commission d'arbitre devront être désignés dans le délai d'un mois après la demande d'arbitrage. Chaque partie notifiera par lettre recommandée à l'autre partie les noms, qualité et adresse de l'arbitre qu'elle aura choisi.

Si l'une des parties n'a pas désigné son arbitre dans le délai d'un mois indiqué ci-dessus ou si l'un des arbitres est défaillant pour quelque cause que ce soit, la partie la plus diligente invitera par lettre recommandée à l'autre partie à se concerter, avec elle en vue de la désignation d'une haute personnalité chargée de nommer l'arbitre manquant. Cette haute personnalité devra faire connaître son choix dans le délai d'un mois après la réception du mémoire établi par la partie demanderesse.

Si les deux parties n'ont pu se mettre d'accord pour la désignation de cette haute personnalité dans le délai de quinze jours après réception de l'invitation à se concerter prévue ci-dessus, la partie la plus diligente demandera au président d'une Cour supérieure française ou internationale, choisi d'un commun accord dans un délai maximum de 3 mois après signature de la présente convention ou, à défaut d'accord dans ce délai, au vice-président du Conseil d'Etat à Paris de désigner cette haute personnalité.

La Commission d'arbitrage et, le cas échéant, la haute personnalité dont l'intervention sera requise seront saisies par et à la diligence de la partie demanderesse d'un mémoire énonçant l'objet et les motifs de la demande. Copie de ce mémoire sera adressée par lettre recommandée à la partie défenderesse.

La Commission d'arbitrage devra notifier aux parties, par lettre recommandée, dans un délai de deux mois après la réception de ce mémoire, soit sa sentence, soit l'impossibilité pour les arbitres de parvenir à un accord.

Si les deux arbitres n'ont pu se mettre d'accord, la partie la plus diligente invitera par lettre recommandée l'autre partie à se concerter avec elle en vue de la désignation d'une haute personnalité chargée de nommer un surarbitre.

Si les deux parties n'ont pu se mettre d'accord, pour la désignation de cette haute personnalité dans le délai de quinze jours après réception de l'invitation à se concerter prévue ci-dessus, la partie la plus diligente demandera au président de la Cour supérieure visé à l'alinéa 4 ci-dessus de désigner cette haute personnalité.

Cette haute personnalité devra faire connaître son choix dans le délai d'un mois après la réception du mémoire établi par la partie demanderesse.

Le surarbitre sera saisi, par et à la diligence de la partie demanderesse, du mémoire énonçant l'objet et les motifs de la demande.

Le surarbitre devra rendre sa sentence dans le délai de deux mois après la réception du mémoire établi par la partie demanderesse.

La commission d'arbitrage et, le cas échéant, le surarbitre seront amiables compositeurs, dispensés des formes et délais de la procédure. Ils décideront par qui et dans quelles proportions devront être supportés les horaires et frais de l'arbitrage.

La sentence arbitrale ou, le cas échéant, surarbitrale sera définitive et obligera les parties par la seule notification qui leur sera faite par la Commission d'arbitrage ou, le cas échéant, le surarbitre. Elle sera de plein droit exécutoire dans les délais et suivant les modalités qui seront fixées par la Commission d'arbitrage ou, le cas échéant, le surarbitre.

La Commission d'arbitrage ou, le cas échéant, le surarbitre résoudra les différends entre les parties sur la base de la présente Convention, qui sera interprétée suivant les principes du droit français et de l'équité.

La Commission d'arbitrage et, le cas échéant, le surarbitre pourront ordonner toute mesure d'urgence et les parties s'engagent à s'y conformer.

Pendant la durée de l'arbitrage, les parties s'engagent à suspendre la mise en application de toute décision litigieuse.

CHAPITRE VII

Enregistrement

ART. 30. - La présente convention sera enregistrée à Lomé à la requête de la partie la plus diligente. Cet enregistrement ne donnera lieu à la perception d'aucune taxe ni droit d'aucune sorte.

Lomé, le 12 septembre 1957.

Lu et approuvé :
Société minière du Bénin
L'administrateur-délégué,
Max Robert.

Lu et approuvé :
Le Premier ministre
N. Grunitzky.

Le ministre des Finances p.i.,
P. Scheneider.
Le ministre des Travaux publics, des Mines,
des Transports, de l'Economie et du Plan,
L. Christophe Tchakalof.

Annexe à la convention de longue durée

Tableau d'amortissement prévu à l'article 20 de la convention

Immobilisations	**Durée d'amortis sement**	**Taux d'amortissement**
Génie civil, sauf installations portuaires ; Immeubles à usage industriel ; Cités d'habitation ; Bureaux.	20 ans	Néant pendant les 2 premières années d'exploitation 3 % pendant les 2 années suivantes 5 % pendant les 2 années suivantes 6 % pendant les 14 années suivantes
Transporteur aérien ; Installations portuaires ; Frais de recherches et d'études.	15 ans	Néant pendant les 2 premières années d'exploitation 3 % pendant les 2 années suivantes 6,5 % pendant les 2 années suivantes
Usines de traitement ; Alimentation en eau ; Machines fixes, roues-pelles ; Convoyeurs de carrières ; Aménagements divers.	10 ans	9 % pendant les 9 années suivantes Néant pendant les 2 premières années d'exploitation 4 % pendant les 2 années suivantes 8 % pendant les 2 années suivantes 19 % pendant les 4 années suivantes
Mobilier de bureau ou autre	5 ans	20 %
Matériel de carrière, autre que la roue-pelle et les convoyeurs, petit outillage.	4 ans	25 %
Camions	3 ans	33,3 %
Véhicules légers à moteur	2 ans	50 %

Annexe n°2 : Modèle de demande de concession minière

(Journal officiel de la République du Togo du 2 septembre 1958, p.6)

<u>*Nouvelle raison sociale*</u> BUREAU DE PARIS
12, avenue Marceau
Compagnie togolaise des mines du Bénin *(8e)* TEL BALZAC 37-62

Société minière du Bénin
S. an- cap. De 100 000 000 de F cfa
Cap porté à 1. 180 000 000 de F cfa **Adr. Télég. TOGOPHOS-PARIS**
Siège social : Lomé (Togo)
Boîte Postale 362
Adr. Télég. PHOSPHAT-LOME
R.C. LOME 277 LOME, le 25 juillet 1958
N° 12. 120

« ATTIVI D »
DEMANDE DE CONCESSION MINIERE N° XII.

Monsieur le Ministre,

En application du décret du 26 octobre 1927, modifié par le décret du 28 juillet 1938, nous avons l'honneur de vous demander de bien vouloir attribuer à notre Compagnie, pour une durée de cinquante ans, une concession minière pour les phosphates de chaux et d'alumine, appartenant à la troisième catégorie, dérivant du périmètre n° 8 (ATTIVI D) défini par le décret du 29 juillet 1953, paru au J.O. du premier septembre 1953, accordant au COMPTOIR DES PHOSPHATES DE L'AFRIQUE DU NORD (CPAN) un permis général de recherches minières au TOGO.

Le CPAN a cédé ce permis à la SOCIETE MINIERE DU BENIN – devenue COMPAGNIE TOGOLAISE DES MINES DU BENIN le 14 octobre 1957 – peu après la constitution de celle-ci (transfert accepté par lettre n° 82/Mines du 17 février 1955 et publié au J.O. du premier février 1955).

Ce permis a été renouvelé par arrêté n° 709/MTP/Mines du 10 août 1956.

Le périmètre de la concession que nous demandons est constitué par un rectangle dont les côtés orientés Est-Ouest vrais ont une longueur de 2.950 mètres et les côtés Nord-Sud une longueur de 3.000

mètres. Ce rectangle se trouve situé dans la partie Est du périmètre n° 8 dont dérive la concession demandée. Le périmètre de la concession est figuré en trait rouge plein sur le plan ci-joint, en double exemplaire, à l'échelle du dix-millième.

L'angle Sud-Est du périmètre demandé est matérialisé sur le poteau-signal de définition du périmètre n° 8 dont dérive la concession (marqué E sur le plan).

Conformément aux dispositions de l'article 48 du décret du 26 octobre 1927, nous procèderons au bornage dans un délai de six mois après l'institution de la concession.

Notre compagnie est titulaire de l'autorisation personnelle délivrée par arrêté n° 91-55/Mines du 21 janvier 1955, publié au J.O. du 16 février 1955.

Ainsi que le précise l'article 40 du décret du 26 octobre 1927, portant réglementation de la recherche et de l'exploitation des gîtes de substances minérales au Togo, nous vous remettons ci-inclus les documents suivants :

- Un exemplaire des statuts de notre compagnie,
- La composition du conseil d'administration de notre compagnie,
- Un plan de surface à l'échelle du dix-millième, orienté au Nord vrai et indiquant d'une manière exacte la position du périmètre (en double exemplaire),
- Un certificat attestant le versement du droit fixe de 10 000 francs,
- Une note technique contenant tous les renseignements utiles sur les résultats des recherches effectuées déterminant la nature et les caractéristiques du gisement à exploiter.

Nous vous prions d'agréer, Monsieur le Ministre, l'assurance de notre haute considération.

L'administrateur-délégué,

Max Robert.

-P.S. Ci-joint plan d'ensemble au 1/20. 000e du Secteur-Nord.

Monsieur le ministre des Travaux publics, des Mines,
des Transports et des Postes et Télécommunications-Lomé.

Annexe n°3 : Registres annexés à l'arrêté n° 20-MTP/Mines du 26 août 1961

(JORT du 1er octobre 1961, p.627)

REPUBLIQUE TOGOLAISE

MINISTERE DES TRAVAUX PUBLICS,
MINES, TRANSPORTS, DES POSTES
ET TÉLÉCOMMUNICATIONS

DIRECTION DES MINES
ET DE LA GÉOLOGIE

(Annexe modèle A)

REGISTRE D'AVANCEMENT DES TRAVAUX
(Art. 72 du décret minier du 26 octobre 1927)

Le présent registre devra être tenu à ... par le directeur
Il comporte .... feuillets côtés et paraphés par le directeur des mines et de la géologie ; il doit être présenté à toutes réquisitions des agents qualifiés de l'administration.

Le directeur de l'exploitation
A.... le..........
Le directeur des mines et de la géologie

DATES	PERMIS DE RECHERCHES Origine et Concession	RENSEIGNEMENTS RELATIFS AUX TRAVAUX (faits marquants)	VISA ET OBSERVATIONS du Service des Mines

REPUBLIQUE TOGOLAISE

MINISTERE DES TRAVAUX PUBLICS,
TRANSPORTS, DES POSTES
TELECOMMUNICATIONS

DIRECTION DES MINES
ET DE LA GEOLOGIE

(Annexe modèle B)

REGISTRE D'EXTRACTION-CONCENTRATION-STOCKAGE-VENTES AU TOGO- EXPORTATIONS
(Art. 72 du décret minier du 26 octobre 1927)

CONCESSION N°

Titulaire
Le présent registre devra être tenu à .....par le directeur de .....
Il comporte ... feuillets côtés et paraphés par le directeur des mines et de la géologie ; il doit être présenté à toutes réquisitions des agents qualifiés de l'administration.

Le directeur de l'exploitation
A..........le ....
Le directeur des mines et de la géologie

Mois	EXTRACTION MINERAI BRUT	CONCENTRES MARCHANDS PRODUITS EN LAVERIE ET ENTREES EN STOCK		VENTES AU TOGO			EXPORTATIONS			Visas et observations éventuelles
Année	Tonnes	Première qualité titre moyen tonne	Deuxième qualité titre moyen tonne	Première qualité tonne	Deuxième qualité tonne	Numéros des certificats de vente	Première qualité tonne	Deuxième qualité tonne	Numéros des certificats d'exportation	

Annexe n°4 : Modèles de déclarations de ventes prescrits par le décret n°62-61 du 20 avril 1962

(JORT 1962, pp. 357-358)

MODELE A

COMPAGNIE TOGOLAISE
DES MINES DU BENIN N°/VT-
BP : 362
LOME-TOGO

DECLARATION DE VENTE AU TOGO
(Décret n°62-61 du 20 avril 1962)

- Nature du minerai :
- Quantité :
- Lieu d'extraction-Concession n° :
- Vendu au Togo le :
- A
- Domicile :
-Valeur carreau laverie (au stock marchand) :
- Référence au registre d'extraction-vente :
- Expédition

Certifiée exacte et sincère
A...........Le.........
Le Directeur de l'exploitation

NB : Original et duplicata envoyés à la direction des mines BP : 256. Triplicata conservé en souche par la CTMB.

MODELE B

COMPAGNIE TOGOLAISE
DES MINES DU BENIN N°/VE
BP : 362
LOME-TOGO

CERTIFICAT D'EXPORTATION
(Décret n°62-61 du 20 avril 1962)

- Nature du minerai :
- Quantité :
- Lieu d'extraction- Concession n°
- Exporté le sur S/S
- Déclaration/ du
- A
- Domicilié (pays)
- Valeur FAS :
- Valeur carreau mine :
- Référence au registre d'extraction-vente :
- Expédition :

Certifié exact et sincère
A............Le.......

Le Directeur de l'exploitation

NB : Original et duplicata envoyés à la direction des mines BP : 256. Triplicata conservé par la CTMB.

Annexe n° 5 : Exemplaire d'un accord amiable

(Archives non classées de la CTMB, rapports de la Commission technique du 30 juin 1959)

QUARTIER AMEGAPE-ACCORD AMIABLE

Article 63 du décret minier du 26 octobre 1927

Entre **M. KPONKANOU Anani**, propriétaire coutumier de :

- 0 case couverte en tôles,

- 9 cases couvertes en paille et répertoriées sous les numéros 490-548-553-568-569-575-715 N et 716 N dont il demande le déménagement

Et la CTMB représentée par le directeur de l'exploitation, il a été convenu ce qui suit :

M. KPONKANOU Anani abandonne les cases susdites, leur emplacement et les surfaces attenantes pour permettre la progression de l'exploitation des phosphates.

Cet abandon prend effet à la date du présent accord.

La CTMB pour l'abandon des cases et des surfaces susdites :

a) attribue une parcelle représentant environ **1458 m^2** à l'emplacement du nouveau village.

b) verse une indemnité globale forfaitaire et définitive de **274 950 F CFA.**

D'accord parties, l'indemnité sera versée au fur et à mesure de la reconstruction des nouvelles cases.

Reçu un acompte de 10 %, soit 27 500 F CFA.

Fait à Hahotoé, le 28 décembre 1965.

Annexe n° 6 : Exemplaire d'un procès-verbal de constatation d'accord amiable (déplacement d'une partie du village de Hahotoé)

(Archives non classées de la CTMB, rapports de la Commission Technique du 30 juin 1959)

En présence de : **M. Anani KPONKANOU**

M. Eklou EKUE

M. Gilbert EKUE

M. Anani KPONKANOU, propriétaire de 9 cases en banco situées dans le quartier Amégapé (Hahotoé) et répertoriées sous les n°s 490-548-553-569-574N-715N et 716N du plan établi par le Service topographique de l'administration des Domaines, dont :

- 0 case recouverte en tôles
- 9 cases recouvertes en paille (paillotes)

A demandé à la CTMB, représentée par **M. J. HOUYVET**, Chef des Services administratifs, d'accepter de lui verser, en contrepartie de l'abandon des cases en banco ci-dessus, l'indemnisation correspondante à leur valeur dans le but de lui permettre de reconstruire ses logements dans un emplacement situé au voisinage de cimetière actuel et près d'un point de ravitaillement en eau, installé par la CTMB.

Le propriétaire et la CTMB se sont mis d'accord sur les points suivants :

A-/OBLIGATIONS DU PROPRIETAIRE CI-DESSUS DESIGNE

1.) Le propriétaire fait abandon définitif à la CTMB des cases et paillotes ci-dessus désignées.

2.) Le propriétaire a donné irrévocablement son autorisation à la CTMB de prendre possession des cases et paillotes ci-dessus désignées en l'état où elles se trouvaient, afin de permettre à la CTMB de poursuivre l'exploitation de la mine de phosphates.

B-/OBLIGATIONS DE LA CTMB

1.) La CTMB a mis à la disposition du propriétaire, dans l'emplacement collectif défini par le plan parcellaire n°13 et 13 bis du Service topographique en date respectivement des 1er mai 1965 et 9 juin 1966 et le plan de lotissement 1949 visé par la commission technique le 14 juin 1965, 9 lots n°426 représentant environ **1 458 m^2**, pour permettre au propriétaire de construire de nouvelles cases.

Le propriétaire a déclaré bien connaître l'emplacement collectif précité et accepté les lots qui lui sont attribués.

2.) La CTMB a payé pour l'abandon définitif des cases susvisées, une indemnité globale forfaitaire et définitive de **274 950 F CFA** au propriétaire susvisé qui lui en a donné quittance définitive.

Pour faciliter la construction de nouvelles cases, la CTMB tient à la disposition du propriétaire ci-dessus désigné, jusqu'au 1er février 1967 au plus tard, à son dépôt d'Hahotoé et dans la limite maximum de 40 % du prix total fixé ci-dessous :

- Des sacs de ciment de 50 kg au prix de 435 F pièce,
- Des tôles galvanisées de 90 cm X 2 m au prix de 550 F pièce,
- Des fûts de coaltar de 25 l au prix de 1 350 F pièce,
- Des cockers (4 m de long) au prix de 150 F pièce,
- Des sacs de chaux de 20 kg au prix de 595 F le sac.

Ces fournitures sont livrables sur production par le propriétaire de l'original du présent accord amiable après visa du responsable de la CTMB, M. TRAVERSE, constatant l'état d'avancement des travaux. La valeur des fournitures livrées sera inscrite au verso du présent accord original par le représentant de la CTMB.

Fait à Hahotoé, le 23 novembre 1966

La CTMB LE PROPRIETAIRE

LE CHEF DU VILLAGE LE NOTABLE

Annexe n° 7 : Exemplaire d'un procès-verbal de constatation d'accord amiable pour l'occupation effective des terrains nécessaires à l'exploitation des phosphates

(Archives non classées de la CTMB,
rapports de la Commission technique du 30 juin 1959)

COMMISSION TECHNIQUE INSTITUEE
PAR DECRET N° 59-103 DU 30 JUIN 1959

L'an mil neuf cent soixante-treize et le dix-sept janvier à 11 heures, la commission technique a siégé à Sevagan à la suite de la demande d'autorisation d'occupation effective de terrains nécessaires à son exploitation, formulée par la CTMB par lettre du 15 mai 1972.

Etaient présents :

MM. - KEGLOH Simon, Chef de la circonscription de Vogan, président ;

- **OTTO Gartner**, Directeur des Mines et de la Géologie,
- **KOFFI Jacques**, Représentant le directeur de l'Agriculture,
- **DOGBE Edmond**, Receveur des domaines,
- **HODEDIN Antoine et KALIPE Hubert**, Membres de la délégation spéciale pour la circonscription de Vogan,
- **SOGBO Tengué**, Chef du village de Sévagan,
- **KPONKANOU Mathias**, Régent du village de Hahotoé,
- **EKLOU Kokouvi**, Notable de Hahotoé.

La commission, conformément aux dispositions du décret visé ci-dessus, a constaté l'accord amiable intervenu entre **la CTMB** et **M. MESSAVI Afanlété**, propriétaire dans les conditions suivantes :

(Plan parcellaire N° Voie ferrée 3-717)
Parcelle n°1-Surface : 0 ha 18 ca 62 ca.

1°) a- Nature et montant des indemnités concernant les biens qui seront détruits ou endommagés :

prix convenus pour le palmier de plus de 2 m : **300 F CFA**
pour 10 000 m^2 de manioc : **14 000 F CFA**
pour kapokier d'un mètre de diamètre : **400 F CFA**
pour manguier en état de production : **1 000 F CFA**

b- Le présent procès-verbal constate l'acceptation et le versement par la CTMB à l'intéressé, en présence de **M. DEOU Justin**, agent spécial de Vogan, désigné par le président de la Commission technique, de la somme de .... F. CFA, à titre d'indemnité globale forfaitaire et définitive, suivant l'état des lieux établi contradictoirement.

2°) Montant de la location annuelle (révisable tous les 5 ans en fonction du prix des denrées agricoles locales) : **1 500 F CFA**, payable annuellement.

3°) Date et début de location : 1er mai 1972

4°) Date et fin de location : fin de l'exploitation minière.

5°) Nom, qualité et signatures des personnes auxquelles seront versées les indemnités :

M. MESSAVI Afanlété

Auquel a été versée la somme de **2 115 F CFA** représentant le loyer du **1er mai 1972**

Au 30 septembre 1973.

A partir du 1er octobre 1973, le loyer sera payé annuellement, soit **1 500 F CFA.**

En foi de quoi, et pour valoir ce que de droit, a été établi le présent procès-verbal dont lecture a été donnée en langue vernaculaire par **M. DEOU Justin**, faisant fonction d'interprète.

Le premier exemplaire est remis au président de la Commission technique,

Le 2e exemplaire au propriétaire,

Le 3e au directeur de la CTMB,

Le 4e est adressé à Monsieur le Ministre de l'Intérieur, et les autres exemplaires sont répartis entre les membres de la commission.

Fait et clos en 12 exemplaires
A Sévagan, le 17 janvier 1973.

SOURCES ET BIBLIOGRAPHIE

1. Sources

1.1. Sources orales

Dans le cadre de mon mémoire de maîtrise, dont les résultats ont alimenté une partie du contenu du présent ouvrage, j'ai interrogé deux personnes à Hahotoé, siège de la carrière de la CTMB :

Richard N'Danou Akakpo, ancien mécanicien d'engins à l'Office togolais des phosphates. Il est admis à la retraite en 1986. Au moment de l'enquête, le 21 octobre 2001, il est âgé de 71 ans.

Hyacinthe Anoumou Aziahlé, topographe retraité en 1991. L'entretien a également eu lieu le 21 octobre 2001. A cette date, il avait 65 ans.

1.2. Sources écrites

1.2.1. Documents d'archives

<u>1.2.1.1. Archives nationales du Togo (ANT), Lomé</u>

Série G : Travaux publics, mines, chemins de fer, transports routiers, ports et navigation

Sous-série 5G : Mines et énergie

Dossier 19 : Notes relatives à la recherche et à la mise en valeur du sous-sol du Togo (1955-1957)

Dossier non coté : Notes sur les investissements miniers réalisés au Togo en 1957

1.2.1.1. Archives non classées de la CTMB (Kpémé)

Cahiers des charges concernant la construction et l'exploitation du wharf

Cahiers des charges de la concession territoriale de Kpémé

Correspondances entre le siège social et le bureau de Paris (1956-1958)

Dossiers de la carrière de Kpogamé-Aveta (1972-1973)

Procès-verbaux des assemblées générales et des conseils d'administration (1958-1962)

Rapports de la commission technique du 30 juin 1959

Registres des transferts et conversions des actions de 1954 à 1973

Statuts de la CTMB

1.2.2. Rapports et imprimés officiels

Inventaire économique du Togo 1962-1963

Inventaire économique du Togo 1965

Ministère du Plan, *Livre blanc sur les phosphates de Kpémé et la CTMB*, Editions africaines du Flamboyant,

Office togolais des phosphates, 1984 : *L'œuvre accomplie,* 10e anniversaire Sarakawa, 85 p.

Rapport annuel du gouvernement français à l'Assemblée générale des Nations Unies sur l'administration du Togo placé sous la tutelle de la France (1947-1957)

Rapport du conseil d'administration de la CTMB à l'Assemblée générale ordinaire des actionnaires du 11 mai 1970, *Bulletin de la Chambre de commerce, d'agriculture et d'industrie du Togo*, mois de mai 1970, pp. 10-12.

1.2.3. Périodiques

Bulletin mensuel de la Chambre de commerce, d'agriculture et d'industrie du Togo du 10 octobre 1972.

Bulletin quotidien d'information du 7 novembre 1961 et du 8 novembre 1961.

Chroniques d'outre-mer, n° 32 - février 1957 ; n° 42 - février 1958 ; n° 43 - mars 1958.

Europe-France-Outremer, n° 432, janvier 1966, « Le Togo dans la voie de la planification », pp. 19- 47.

Industries et travaux d'outre-mer, février 1975.

Journal officiel du territoire du Togo, 1946 ; du 1er juin 1956, 1957.

Journal officiel de la République autonome du Togo du 9 avril 1957, du 1er août 1957, numéro spécial du 11 septembre 1957, du 1er octobre 1957, du 1er janvier 1958, du 16 avril 1958.

Journal officiel de la République togolaise, numéro spécial du 2 mars 1959, du 1er septembre 1959, du 16 juin 1960, du 1er août 1961, du 1er octobre 1961, du 16 novembre 1961, du 1er mai 1962, du 16 décembre 1962, du 29 juillet 1964, numéro spécial du 30 novembre 1968.

Marchés tropicaux n° 1474 du 8 février 1974, n° 1476 du 22 février 1974.

Notes d'information et statistiques - BCEAO, n° 33 - avril 1958 ; n° 34 - mai 1958 ; n° 101 -octobre 1963 ; n° 109/110 - mai 1964 ; n° 115 - février 1965 ; n° 126 - février 1966 ; n° 204 -mars 1973 ; n° 210 - octobre 1973.

Togo-Presse, n° 1009 du 29 novembre 1965 ; du 1er juillet 1972 ; du 7 août 1972 ; du 22 novembre 1972 ; n° 3150 du 29 novembre 1972 ; n° 3488 du 11 janvier 1974, n° 3489 du 12 janvier 1974 et du 31 janvier 2002.

2. Bibliographie

ADEDEJI A., 1998 : « Stratégies comparées de décolonisation économique », in MAZRUI

A. et C. WONDJI C. (dir.), *Histoire générale de l'Afrique*, Volume VIII, *L'Afrique depuis 1935*, Paris, Présence africaine/Edicef/Unesco, pp. 259-281.

ADUAYOM M., EKUE A. G. & TCHAM B. K., 2005 : « La lutte pour l'indépendance : De la République autonome du Togo à la République togolaise (1956-1960) », in GAYIBOR N.L. (dir) : *Histoire des Togolais*. Volume II. *De 1884 à 1960*, Tome II, pp. 631-682.

AKAKPO K., 1977 : « Le commerce extérieur du Togo de 1960 à 1974 », *Togo Dialogue*, février 1977, pp. 79-87.

BANTOUE J.-P., 1990 : « La bataille du phosphate », *Jeune Afrique Economie*, n° 135, septembre 1990, Cahiers économiques du Togo.

BERTHELEMY J.-C., 1980 : « L'économie de l'AOF et du Togo : 1946-1960 », *Revue française d'histoire d'outre-mer*, tome LXVII, pp. 301-337.

BIARNES P., 1987 : *Les Français en Afrique noire de Richelieu à Mitterrand, 350 ans de présence française au sud du Sahara*, Paris, Armand Colin, 446 p.

BOURRELIER P.-H. & LESPINE J., 2008 : « Les opérations minières outre-mer. Le BRGM, acteur central de la politique publique », *Réalités industrielles*, août 2008, pp. 7-20.

CARBON L., 1954 : « Conditions et problèmes de l'investissement industriel dans les TOM », *Industries et travaux d'outre-mer*, février 1954, pp. 100-106.

COLOMNA-CIMERA J., 1961 : « Le démarrage de l'exploitation des phosphates du Bas-Togo », *Bulletin mensuel de la Chambre de commerce, d'agriculture et d'industrie du Togo*, n° 0028 du 10 décembre 1961, pp. 46-54.

COQUERY-VIDROVITCH C. & MONIOT H., 1984 : *L'Afrique noire de 1800 à nos jours*, Paris, Presses universitaires de Lille, 4e édition, 473 p.

COQUERY-VIDROVITCH C., 1998 : « Les changements économiques en Afrique dans le contexte mondial (1935-1980) », in MAZRUI A. & WONDJI C. (dir) : *Histoire générale de l'Afrique. Vol. VIII L'Afrique depuis 1935*, Paris, Présence africaine/Edicef/UNESCO, édition abrégée, pp. 201-215.

COTTE C., 1981 : *La politique économique de la France en Afrique noire (1936-1946)*, thèse de doctorat d'histoire, Université Paris VII, 299 p.

DOMINIQUE C., FLORY T. & JUILLARD P., 1976 : « Chronique de droit international économique », in *Annuaire français de droit international*, Vol. 22, pp. 589-640. [Dans ce numéro ont été analysées les nationalisations de la CTMB et de la MIFERMA.]

Fonds monétaire international, 1970 : *Etudes générales sur les économies africaines. Tome 3 : Dahomey, Côte d'Ivoire, Mauritanie, Niger, Sénégal, Togo et Haute-Volta*, 792 p. [traduit de l'anglais, Surveys of African Economies, Vol. 3]

GOEH-AKUE N. A., 1992 : *Finances publiques et dynamique sociale en Afrique noire sous influence française : le cas du Togo (1920-1980),* thèse de doctorat d'histoire, Université Paris VII-Jussieu, 779 p.

HOUYVET J., 2008 : « Les phosphates du Togo », *Réalités industrielles*, août 2008, annexe 4, pp. 19-20.

KONAN V., 2012 : *Edem Kodjo. Un homme, un destin ou le parcours politique d'un intellectuel africain*, Abidjan, NEI-CEDA/Frat Mat/Présence africaine, 359 p.

LABANTE N., 2002 : *Territoires français d'outre-mer et investissements privés : Le Togo et la Compagnie togolaise des mines du Bénin de 1954 à 1974*, mémoire de maîtrise d'histoire, Université de Lomé, 159 p.

LABANTE N., 2008 : « Territoires français d'outre-mer et investissements privés : Le Togo et la Compagnie togolaise des mines du Bénin de 1954 à 1974 », in MANDE I. & RAJAONAH F. (éds) : *Histoire africaine en Afrique. Travaux de jeunes historiens africains*, Groupe « Afrique », Cahier n° 24, Paris, L'Harmattan, pp. 145-169.

LABANTE N., 2009 : *Pouvoirs publics et investissements privés au Togo et au Sénégal de 1946 à la mise sous ajustement structurel (années 1980). Histoire d'une difficile intégration du secteur privé dans des économies dirigées*, thèse de doctorat d'histoire, Université de Lomé, 2 tomes, 748 p.

1970 : « La CTMB, une affaire dynamique et florissante », *Togo-Presse*, numéro spécial du 27 avril 1970.

LASSERRE L., 2008 : « Les phosphates de Taïba (Sénégal) », *Réalités industrielles*, août 2008, Annexe 3, pp. 17-19.

MENTHON (de) J., 1993 : *A la rencontre du Togo*, Paris, Editions L'Harmattan, 269 p.

MIEU B., 2015 : « Togo : ça repart pour les phosphates », https://www.jeuneafrique.com, mise en ligne le 11 décembre 2015 à 15h01, consulté le 14 juillet 2019 à 21 h04.

MOUSSA P., 1957 : *Les chances économiques de la communauté franco-africaine*, Paris, Armand Colin, 272 p.

N'GANGO G., 1973 : *Les investissements d'origine extérieure en Afrique noire francophone : statut et incidence sur le développement*, Paris, Présence africaine, 451 p.

1975 : « Phosphates de Taïba : Le Sénégal détient désormais 50 % du capital de la compagnie », *Industries et travaux d'outre-mer*, février 1975, pp. 153-154.

1974 : « Phosphates. Qui aura raison du Togo ou du Sénégal ? », Africa, n° 71, août-septembre 1974.

ROCHETEAU G., 1982 : *Pouvoir financier et indépendance économique en Afrique. Le cas du Sénégal*, Paris, ORSTOM/Karthala, 386 p.

SOSSOU S., 1996 : *La féculerie de Ganavé dans la préfecture des Lacs, une initiative de la politique coloniale d'industrialisation du Togo (1952-1977)*, mémoire de maîtrise d'histoire, Université du Bénin, 107 p.

SURET-CANALE J., 1987 : *Afrique et capitaux. Géographie des capitaux et des investissements en Afrique tropicale d'expression française*, Paris, L'Arbre verdoyant, 2 tomes, 860 p.

TOULABOR C., 1986 : *Le Togo sous Eyadéma*, Paris, Karthala, 332 p.

VALANTIN C., 1975 : « Une nationalisation sans nationalisation », in *Africa,* n°76, juillet-août, pp. 25-27.

WADE A., 1964 : *Economie de l'Ouest africain*, Paris, Présence africaine, 371 p.

LISTE DES CARTES

LISTE DES TABLEAUX

TABLE DES MATIERES

TOGO
AUX ÉDITIONS L'HARMATTAN

Dernières parutions

TERRITOIRES ET ADMINISTRATEURS DU TOGO 1884-1992/2016
Histoire & répertoires
Association des Historiens et Archéologues du Togo
Sous la direction de Nicoué Lodjou Gayibor et Yves Marguerat
Cette histoire administrative du Togo est d'une part celle des acteurs qui ont constitué, dans les contextes politiques successifs, les relais indispensables d'un pouvoir central soucieux d'encadrer ses administrés de façon toujours plus étroite ; d'autre part, c'est celle d'un maillage des territoires administrés, un découpage de plus en plus ramifié, de mieux et mieux adapté aux réalités locales physiques, ethniques, démographiques, politiques. Ce manuel, produit d'une longue coopération entre scientifiques de plusieurs disciplines, institutions et nationalités, est bien plus qu'un simple outil de travail : c'est toute l'histoire concrète du Togo qui s'y dévoile.
(250 p., 26 euros)
ISBN : 978-2-343-18266-7, EAN EBOOK : 9782140128684

LOMÉ 1884-1914
Images de la période allemande
Stéphane Richemond
Avec la participation d'Yves Marguerat
Dans ce livre, les images n'illustrent pas l'histoire mais l'histoire commente les images. La capitale du Togo, avec ses colonisateurs successifs et surtout sa bourgeoisie africaine dynamique, a produit beaucoup d'images. En voici 300, dont beaucoup n'ont jamais été publiées, échelonnées de 1884 à 1914, pour présenter Lomé à l'époque allemande, avec ses bâtiments de prestige, ses rues et ses espaces utilitaires, mais aussi ses habitants.
(152 p., 35 euros)
ISBN : 978-2-343-14723-9, EAN EBOOK : 9782140116865

LA GUERRE DE 1914 AU TOGO ET SES CONSÉQUENCES
Histoire militaire, histoire politique
Yves Marguerat
A la périphérie de la Grande Guerre, il y eut aussi des combats lointains, largement méconnus à l'époque et encore plus oubliés de nos jours. Des quatre colonies que l'Allemagne avait établies en Afrique, le Togo, qui avait pourtant les moyens de résister, a capitulé au bout de trois semaines. Quels étaient les enjeux stratégiques du Togo ? Pourquoi ses arrogants maîtres coloniaux se sont-ils laissés vaincre si vite ? Dans quelle mesure les Togolais ont-ils favorisé ou, au contraire, entravé leur défense ?

Comment ces derniers ont-ils vécu ensuite sous la double occupation qu'ils ont subie pendant six années ? Dans quelle mesure cette période a-t-elle conditionné leurs attitudes politiques ultérieures ?

(228 p., 24,5 euros)

ISBN : 978-2-343-16601-8, EAN EBOOK : 9782140112621

DANSIVI LA MANTE RELIGIEUSE

Roman

Billy Nourou Fadikpe

Kokou Follygan, un jeune Togolais, est parti travailler au Sénégal, abandonnant sa jeune promise, Dansivi, ainsi que sa famille au pays. Les années sont passées sans qu'il ne s'en rende compte. Vingt ans, c'est long pour une jeune nubile amoureuse prisonnière du couvent, comme l'exige la tradition au Togo. Kokou se décide enfin à retourner au pays pour retrouver Dansivi et mettre sur pied un mouvement politique visant à détrôner le président putschiste alors au pouvoir... Mais après vingt ans d'absence, dans quelles conditions retrouvera-t-il sa famille et sa nation ?

(Coll. Harmattan Sénégal, 132 p., 14,5 euros)

ISBN : 978-2-343-16808-1, EAN EBOOK : 9782140114434

UNE THÉOLOGIE DU PAUVRE À L'ÈRE DE LA MONDIALISATION

Approche sociale et pastorale pour l'émergence de l'homme watsi du sud-est Togo

Dominique Kokou Mawunyo Gagnon
Préface du Cardinal Gerhard Müller

La figure du pauvre n'interpelle pas uniquement les sciences sociales, mais aussi la théologie. À la lumière de l'enseignement de l'Église, cet ouvrage se base sur la pensée de J. Wresinski, G. Gutiérrez et sur le magistère du pape François pour proposer une théologie du pauvre à l'époque de la mondialisation. L'auteur, prêtre togolais et docteur en théologie, analyse le cas des Watsi dans le Sud du Togo et propose des pistes pour enclencher un développement intégral.

Harmattan Italia (568 p., 69 euros)

ISBN : 978-2-336-31241-5, EAN EBOOK : 9782140112782

POSTCOLONIALITÉ ET DROITS DE L'HOMME. LITTÉRATURES ET CULTURES BRITANNIQUES ET AMÉRICAINES TOME 2

Postcolonial Mind and Human Rights. British and american literatures and Cultures

Mélanges en l'honneur du professeur Komla Messan Nubukpo

Atafëi Pewissi, Akoété Amouzou, Ruben Kodjo Afagla, Komi Bafana

Le Professeur Komla Messan Nubukpo, à qui cet ouvrage est consacré, a eu un parcours exceptionnel. Chef du département d'anglais puis Doyen de la faculté des Lettres et Sciences humaines de l'Université de Lomé, il a été élevé au rang de Doyen honoraire de la même faculté. Il a été Ministre de l'Enseignement Supérieur et de la Recherche. À cheval entre les études américaines et africaines, le Professeur Nubukpo a investi les aires de recherche dans le Post-modernism et le New Criticism. En littérature africaine, ses travaux portent essentiellement sur l'outil critique Womanism, théorisé par Alice Walker et, dans les Humanités africaines, il a énormément contribué aux études postcoloniales et l'attachement aux droits humains.

(320 p., 33 euros)

ISBN : 978-2-343-16494-6, EAN EBOOK : 9782140110368

POSTCOLONIALITÉ ET DROITS DE L'HOMME. ETUDES AFRICAINES ET POSTCOLONIALES TOME 1

Postcolonial Mind and Human Rights. African and Poscolonial Studies

Mélanges en l'honneur du professeur Komla Messan Nubukpo

Atafëï Pewissi, Akoété Amouzou, Ruben Kodjo Afagla, Komi Bafana

Le Professeur Komla Messan Nubukpo, à qui cet ouvrage est consacré, a eu un parcours exceptionnel. Chef du département d'anglais puis Doyen de la faculté des Lettres et Sciences humaines de l'Université de Lomé, il a été élevé au rang de Doyen honoraire de la même faculté. Il a été Ministre de l'Enseignement Supérieur et de la Recherche. À cheval entre les études américaines et africaines, le Professeur Nubukpo a investi les aires de recherche dans le Post-modernism et le New Criticism. En littérature africaine, ses travaux portent essentiellement sur l'outil critique Womanism, théorisé par Alice Walker et, dans les Humanités africaines, il a énormément contribué aux études postcoloniales et l'attachement aux droits humains.

(Coll. Harmattan Togo, 382 p., 38 euros)

ISBN : 978-2-343-16493-9, EAN EBOOK : 9782140110351

LES "TRIBUNATIONS" DE L'INTELLECTUEL KAPHAR

Anti-mélodrame en deux majeures, une mineure

Kadjangabalo Sekou

Se voulant original, Kaphar se refuse à flirter avec la souillure et l'ineptie politico-intellectuelles qui caractérisent son pays, le Tambala. Il dénonce « la médiocratie intellectuelle ». Kaphar choisit comme recours le débat et la parole afin d'ouvrir les esprits.

(Coll. Harmattan Togo, 96 p., 12 euros)

ISBN : 978-2-343-16640-7, EAN EBOOK : 9782140110146

EGLISE-FAMILLE-DE-DIEU GENÈSE ET PERTINENCE DU CONCEPT TOME 2

Le cas du Togo. Pour une théologie de l'Eglise-Sacrement

Yaovi VOEDZO

Cette étude monographique met en évidence la genèse du concept de l'Église-Famille-de-Dieu au Burkina Faso et mesure sa pertinence dans un champ ecclésial particulier, celui de l'Église catholique au Togo. En définitive, il s'agit de tenter une refondation de l'Église-Famille-de-Dieu en vue d'une réception communautaire de Vatican II et d'Ecclesia in Africa.

(Coll. Afrique théologique & spirituelle, 340 p., 35 euros)

ISBN : 978-2-343-15880-8, EAN EBOOK : 9782140108358

EGLISE-FAMILLE-DE-DIEU GENÈSE ET PERTINENCE DU CONCEPT TOME 1

Le cas du Togo. Pour une théologie de l'Eglise-Sacrement

Yaovi VOEDZO

Cette étude monographique met en évidence la genèse du concept de l'Église-Famille-de-Dieu au Burkina Faso et mesure sa pertinence dans un champ ecclésial particulier, celui de l'Église catholique au Togo. En définitive, il s'agit de tenter une refondation de l'Église-Famille-de-Dieu en vue d'une réception communautaire de Vatican II et d'Ecclesia in Africa.

(Coll. Afrique théologique & spirituelle, 396 p., 39 euros)

ISBN : 978-2-343-15876-1, EAN EBOOK : 9782140108341

ARCHÉOLOGIE ET ARCHITECTURE TRADITIONNELLE EN AFRIQUE DE L'OUEST

Le cas des revêtements de sols au Togo

Une étude comparée

Dola Angèle Aguigah

Préface de Jean-Baptiste Kiethega

Ce livre porte sur l'organisation de l'espace dans l'architecture traditionnelle en Afrique. Il étudie, d'un point de vue scientifique, les pavements et terres damées dans les régions du golfe du Bénin. Il s'agit d'un travail de terrain de longue haleine, confronté aux découvertes des chercheurs durant les quatre dernières décennies. Cet ouvrage étudie les revêtements de sol dans l'espace habité, depuis l'Afrique centrale autour du lac Tchad, jusqu'en Afrique de l'Ouest dans le golfe de Guinée. La période concernée s'étend du VIè au XXIè siècle.

(Coll. Histoire Africaine, 286 p., 31 euros)

ISBN : 978-2-343-15637-8, EAN EBOOK : 9782140105920

ET LE PEUPLE TOGOLAIS DE S'INSURGER POUR LA DÉMISSION DE FAURE GNASSINGBÉ

Têtêvi Godwin Tété-Adjalogo

Le présent opuscule est la suite des travaux de Godwin Tété intitulés Écrits circonstanciels de militantisme politique, inaugurés en 2014. Ce livre couvre la période de l'histoire du Togo allant de juin 2017 à mars 2018. Période au cours de laquelle la "question togolaise", née de l'assassinat du président Sylvanus Kwami Epiphanio Olympio en 1963, prendra subitement une tournure dramatique.

(276 p., 28 euros)

ISBN : 978-2-343-15839-6, EAN EBOOK : 9782140106170

L'ÉTAT DE DROIT AU TOGO

De la sociologie de l'éducation institutionnelle

Sohou Aléza

Préface du professeur Wolou Komi

Le diagnostic de l'État de droit suppose l'existence d'une base universelle d'une société démocratique, en équilibre institutionnel, protégeant les droits de l'homme et les libertés fondamentales, assurant une croissance partagée et un développement durable. L'analyse structurelle de la question technique sur le cas du Togo fait recours aux résultats des sciences sociales comme l'éducation, la sociologie, le droit, l'économie, etc. pour dresser autant que possible le bilan quantitatif et qualitatif du fonctionnement du cadre public de la Cité togolaise.

(Coll. Études africaines, 248 p., 25 euros)

ISBN : 978-2-343-15893-8, EAN EBOOK : 9782140104183

Structures éditoriales du groupe L'Harmattan

L'Harmattan Italie
Via degli Artisti, 15
10124 Torino
harmattan.italia@gmail.com

L'Harmattan Hongrie
Kossuth l. u. 14-16.
1053 Budapest
harmattan@harmattan.hu

L'Harmattan Sénégal
10 VDN en face Mermoz
BP 45034 Dakar-Fann
senharmattan@gmail.com

L'Harmattan Cameroun
TSINGA/FECAFOOT
BP 11486 Yaoundé
inkoukam@gmail.com

L'Harmattan Burkina Faso
Achille Somé – tengnule@hotmail.fr

L'Harmattan Guinée
Almamya, rue KA 028 OKB Agency
BP 3470 Conakry
harmattanguinee@yahoo.fr

L'Harmattan RDC
185, avenue Nyangwe
Commune de Lingwala – Kinshasa
matangilamusadila@yahoo.fr

L'Harmattan Congo
67, boulevard Denis-Sassou-N'Guesso
BP 2874 Brazzaville
harmattan.congo@yahoo.fr

L'Harmattan Mali
Sirakoro-Meguetana V31
Bamako
syllaka@yahoo.fr

L'Harmattan Togo
Djidjole – Lomé
Maison Amela
face EPP BATOME
ddamela@aol.com

L'Harmattan Côte d'Ivoire
Résidence Karl – Cité des Arts
Abidjan-Cocody
03 BP 1588 Abidjan
espace_harmattan.ci@hotmail.fr

L'Harmattan Algérie
22, rue Moulay-Mohamed
31000 Oran
info2@harmattan-algerie.com

L'Harmattan Maroc
5, rue Ferrane-Kouicha, Talaâ-Elkbira
Chrableyine, Fès-Médine
30000 Fès
harmattan.maroc@gmail.com

Nos librairies en France

Librairie internationale
16, rue des Écoles – 75005 Paris
librairie.internationale@harmattan.fr
01 40 46 79 11
www.librairieharmattan.com

Lib. sciences humaines & histoire
21, rue des Écoles – 75005 Paris
librairie.sh@harmattan.fr
01 46 34 13 71
www.librairieharmattansh.com

Librairie l'Espace Harmattan
21 bis, rue des Écoles – 75005 Paris
librairie.espace@harmattan.fr
01 43 29 49 42

Lib. Méditerranée & Moyen-Orient
7, rue des Carmes – 75005 Paris
librairie.mediterranee@harmattan.fr
01 43 29 71 15

Librairie Le Lucernaire
53, rue Notre-Dame-des-Champs – 75006 Paris
librairie@lucernaire.fr
01 42 22 67 13

www.ingramcontent.com/pod-product-compliance
Lightning Source LLC
LaVergne TN
LVHW011008061026
849535LV00006B/1765
* 9 7 8 2 3 4 3 1 8 8 8 6 7 *